나의 소중한 자산은 가능성이다

가 진 것 없 다 고 움 츠 린 그 대 에 게

나의 소중한
자산은
가능성이다

You Are More Than Able

방성일 지음

들음과봄

"얼굴 하나야 손바닥으로 포옥 가릴 수 있지만
보고 싶은 마음 호수만 하니 두 눈을 꼬옥 감을 수밖에"

단 두 연으로 짧지만 인간의 깊은 내면을 그려낸 정지용의 시 '호수'
입니다. 우리는 눈을 떠야 사물을 볼 수 있기에 더 크게 눈을 뜨려 하지
만, 오히려 눈을 감으면 더 큰 것을 마음껏 상상해 낼 수 있는 마음의 눈
이 열리게 됩니다. 마음의 눈은 시공간의 제한을 받지 않습니다. 생텍
쥐페리는 『어린 왕자』에서 '사람은 오로지 마음으로만 올바로 볼 수 있
고, 본질적인 것은 눈에 보이지 않는다'는 것을 반복하며 말하고 있습
니다. 사실 우리도 살아가면서 이것을 느낍니다. 보이는 것보다 보이지
않는 것이 더 중요하다는 사실을 말입니다. 사람을 만나면 처음에는 겉
으로 보이는 외모를 보고 판단하기 쉽지만 그것은 그저 보이는 것에 불

과할 뿐입니다. 사람의 진가는 세월을 두고 겪어 보아야 알게 되는 것은 분명한 사실입니다. 사람은 저마다 마음 깊은 곳에 가능성이 숨겨져 있기 때문입니다.

미켈란젤로는 유명한 말을 남겼습니다. '모든 돌덩이는 이미 조각상들을 품고 있다. 나는 대리석에서 천사를 보았고, 내가 그를 자유롭게 할 때까지 조각했다.'

쓸모없는 돌덩이 속에 멋진 '다비드 상'이 숨겨져 있다고 믿는 것입니다. 돌덩이에서 쓸모없는 것들을 쪼아 내고 나면 명작 '피에타'가 나타나는 것입니다. 그 어떤 돌덩이도 그 안에 천사가 숨어 있다고 여기는 사람이 바로 예술가입니다.

성경은 우리 안에 가능성이 있다고 합니다. 하나님의 형상대로 지음 받은 사람에게는 영혼의 지문이 있습니다. 이 땅에 사는 사람은 누구나 가능성을 가지고 있습니다. 사람이 이 땅에 태어날 때는 모두 아기로 태어납니다. 단순히 누구 집 아들이나 딸로 태어납니다. 그러나 이 세상을 떠날 때는 이렇게 부고를 돌립니다. '아무개 변호사 별세' 혹은 '아무개 배우 사망', '아무개 목사, 장로, 권사 소천' 등등…. 철부지 아이 하나가 자라서 무엇이든 될 수 있는 가능성을 가지고 있습니다. 무엇이든 될 수 있고, 무엇이든 가능합니다. 그런데 그 가능성을 살려 내지 못하고, 소중한 영혼의 지문을 가진 채로 죽어서 땅에 묻힌다면 너무도 안타깝고 억울한 삶이 될 것입니다.

텍사스 제일 침례교회 로버트 제프리 목사님이 쓴 『현실적인 솔로몬의 솔직한 성공 법칙』에 어느 핀란드의 무신론자 이야기가 있습니다. 이 무신론자는 자신이 죽은 뒤에 농장을 사탄에게 넘긴다는 유서를 남겼습니다. 그리고 시간이 흘러 그가 사망합니다. 법원은 그의 유언을 어떻게 실행에 옮겨야 할지 몰라 막막했습니다. 몇 주를 고민한 끝에 법원은 고인의 유언을 법적으로 실현하기 위한 결정을 내립니다. 그리고 법원은 다음과 같이 판결했습니다. "사탄에게 유산을 상속하는 가장 좋은 방법은 아무 일도 하지 않는 것이다."

농장을 가만히 놔두는 것입니다. 그러면 잡초와 가시덤불이 농장을 뒤덮게 되고, 집과 창고는 허물어지고, 땅은 서서히 침식해 못 쓰는 땅이 되는 것입니다.

사람이 꼭 이와 같습니다. 관심을 끊고 가만히 버려두면 쓸모없는 사람이 될 것입니다. 흘러가는 대로 자신의 인생을 방치하면 마침내 사탄에게 내어준 농장처럼 몹쓸 존재가 되어 있을 것입니다.

어떻게 하면 우리 속에 숨겨진 가능성의 씨앗을 싹틔워 꽃피고 열매 맺게 할 수 있을까요?

내 안에 잠든 가능성을 발견하는 가장 좋은 길은 하나님 앞에 엎드리는 것입니다. 기도하면 내 안의 가능성이 살아납니다. 우리 교회는 해마다 11월이 되면 한 달 동안 '내 생애 마지막 한 달'을 진행합니다. 한 해를 마무리하고 또 새로운 해를 준비하는 너무도 소중한 시간입니다. 그 새벽은 기적의 시간입니다. 기적이 찾아오는 미라클 모닝입니다. 홍해가 갈라지고, 여리고 성이 무너져 내리듯, 새벽에 우리 앞을 가로막는 홍해가 갈라지고, 여리고가 무너질 것입니다.

옛날 우리나라 시골에서는 공동 우물을 사용했습니다. 누구든지 그

　　　　　　　　　나의 소중한 자산은 가능성이다

우물에서 새벽에 제일 먼저 물을 길어다가, 그 물을 마시고 그 물로 밥을 지어 먹으면, 질병이 물러가고 그 가정에 행복이 깃든다고 전해져 내려옵니다. 제일 처음 긷는 물을 성경은 '봉한 우물'이라 합니다.

"내 누이, 내 신부는 잠근 동산이요 덮은 우물이요 봉한 샘이로구나"(아 4:12)

우리는 하나님이 보실 때 봉한 우물처럼 소중한 존재입니다. 그 우물을 흐르게 하면 세상에 생기를 주고 푸르고 푸른 인생이 펼쳐지는 것입니다.

새벽에 하나님의 은혜를 받을 때 봉한 샘처럼 자신감이 솟구쳐 오릅니다. 새벽을 정복한 사람은 세상을 정복할 수 있습니다.

PART 1

선샤인 그리스도인

PART 2
희망의 편지

PART 1

선샤인 그리스도인

1장

그대, 평생 꿈은
무엇인가?

1 다윗이 그의 궁전에 거주할 때에 다윗이 선지자 나단에게 이르되 나는 백향목 궁에 거주하거늘 여호와의 언약궤는 휘장 아래에 있도다 **2** 나단이 다윗에게 아뢰되 하나님이 왕과 함께 계시니 마음에 있는 바를 모두 행하소서 **3** 그 밤에 하나님의 말씀이 나단에게 임하여 이르시되 **4** 가서 내 종 다윗에게 말하기를 여호와의 말씀이 너는 내가 거할 집을 건축하지 말라 **5** 내가 이스라엘을 애굽에서 올라오게 한 날부터 오늘까지 집에 있지 아니하고 오직 이 장막과 저 장막에 있으며 이 성막과 저 성막에 있었나니 **6** 이스라엘 무리와 더불어 가는 모든 곳에서 내가 내 백성을 먹이라고 명령한 이스라엘 어느 사사에게 내가 말하기를 너희가 어찌하여 내 백향목 집을 건축하지 아니하였느냐고 말하였느냐 하고 **7** 또한 내 종 다윗에게 이처럼 말하라 만군의 여호와께서 이처럼 말씀하시기를 내가 너를 목장 곧 양 떼를 따라다니던 데에서 데려다가 내 백성 이스라엘의 주권자로 삼고 **8** 네가 어디로 가든지 내가 너와 함께 있어 네 모든 대적을 네 앞에서 멸하였은즉 세상에서 존귀한 자들의 이름 같은 이름을 네게 만들어 주리라

오래전부터 제 마음에 품고 있는 꿈이 있습니다. 은퇴한 후에 빨간색 오픈카를 타고 뚜껑을 활짝 연 채 달려 보는 것입니다. 빨간 머플러를 두르고, 선글라스 쓰고 달리면 바람결에 제 머리가 시원하게 날릴 것입니다.

사람들은 누구나 죽기 전에 해 보고 싶은 것이 있습니다. 그것을

'버킷리스트'라고 부릅니다. 버킷리스트는 우리 마음을 꿈틀거리게 하는 소원입니다. 지금은 삶이 분주하고 여유가 없어서 못하지만, 언젠가는 해 보고 싶은 것들이 누구에게나 있을 것입니다.

오늘 '그대, 평생 꿈은 무엇인가?'라는 제목으로 이야기를 나누어 보려고 합니다. 죽음을 앞둔 한 말기 위암 환자가 죽기 전에 해 보고 싶은 몇 가지가 있다고 합니다. 그가 해 보고 싶은 것은 대단한 것들이 아닙니다. 맨 먼저 사과 한 쪽을 맛있게 먹고 싶다고 합니다. 속에서 받아 주지 않지만 아삭한 사과 한 쪽을 먹고 싶다고 합니다. 다음으로는 커피 한 잔을 마시고 싶다고 합니다. 마지막으로 죽기 전에 다른 사람을 위해서 봉사를 하고 싶다고 합니다. 일생을 자신만을 위해 살았는데, 죽음을 앞두니 이제 봉사하고 싶어도 그럴 시간이 없어서 후회한다고 합니다.

우리는 살면서 후회할 때가 있는데 그 내용들은 주로 잘못한 일들입니다. 하지만 삶의 끝자락에 설 때 하는 후회는 잘못한 일에 대한 것이 아니라 못다 한 일에 대해 후회한다고 합니다. 그러니 삶의 마지막 순간에 후회하지 않기 위해서는 자신의 평생의 꿈을 살펴보는 것이 굉장한 도움이 될 것입니다. 여러분의 평생의 꿈은 무엇입니까?

만약 여러분에게 소원이 주어졌다면 그것을 실현할 수 있는 힘도 주어졌다는 것을 아셔야 합니다. 어떤 소원이든 시도해야 이룰 수 있습니다. 하지만 대부분의 사람들은 마음속에 꿈만 있을 뿐, 꿈

나의 소중한 자산은 가능성이다

을 이루기 위한 노력을 시도조차 하지 않는 경우가 많습니다.

일단 해보자 JUST DO IT

나이키에 이런 광고 문구가 있습니다. 'JUST DO IT' 일단 해 보라는 것이지요. 굉장히 좋은 말입니다. 하지만 사람들은 해 보지도 않고 '만약에 내가 이 일을 했다가 잘못되면 어떡하지?'라는 생각에 발목을 잡힙니다.

시도하기 전에 '만약에'를 생각하는 사람이 있는 반면에, '어떻게'를 생각하는 사람도 있습니다. '만약에'를 생각하는 사람들은 겁이 나서 피할 길만 생각하고 아예 시작도 안 합니다. 하지만 '어떻게'를 생각하는 사람들은 긍정적인 결과를 생각하고 좋은 방향을 찾아갑니다. '어떻게'를 생각하는 사람들은 할지 말지를 고민하지 않고, 일단 시작해서 더 좋은 방향을 찾아가기 때문에 성취에 이를 확률이 훨씬 높습니다.

'JUST DO IT' 한 회사의 광고 문구지만 아마 하나님도 그렇게 말씀하실 것 같습니다. '주님, 저에게 이런 소원이 있습니다'라고 하면 '그래, 나 믿고 일단 해 봐'라고 하시지 '그건 안 돼'라고 말씀하시지 않습니다. 하나님은 그런 분이십니다. 우리가 믿는 하나님은 너무나도 좋으신 하늘 아버지입니다. '아바 아버지'를 우리말로 하면 '아빠 아버지'입니다. 모든 부모는 자식이 잘되길 바라지 않습니까?

하늘 아버지도 우리가 잘되길 바라십니다. 우리 마음에 소원이 있으면 하나님은 그것을 이루기를 원하시는 분입니다. 이것에 대해 시편 20장 4절에서 말씀합니다.

> 네 마음의 소원대로 허락하시고 네 모든 계획을 이루어 주시기를 원하노라

'네 마음의 소원대로 허락하시고.' 하나님은 우리가 잘되기를 바라시고, 우리 마음의 소원을 이루어 주기를 원하십니다. 그러니까 중요한 것은 소원입니다. 이렇게 마음의 소원이 없으면 하나님이 도우실 수가 없습니다. 우리에게 아무런 소원과 마음의 계획도 없다면, 하나님도 어떻게 도울 방법이 없는 것입니다. 이루어 줄 소원도 계획도 없기 때문입니다. 그래서 하나님을 믿고 소원을 품기 바랍니다. 하나님 아버지, 그 전능하신 분이 우리 아버지입니다. 그래서 우리는 어떤 일 앞에서 'JUST DO IT' 할 수가 있습니다. '만약에'라는 생각을 하지 마시고 하나님이 나를 도우시며, 나와 함께하신다는 것을 믿고 한번 시도해 봅시다.

여러분 평생의 꿈이 무엇입니까? 오늘 본문에서 다윗은 평생의 꿈을 이야기합니다. 다윗은 자신의 꿈을 본문 1절에서 고백합니다. 다윗은 자신의 평생의 소원을 나단 선지자에게 이야기합니다.

나의 소중한 자산은 가능성이다

> 다윗이 그의 궁전에 거주할 때에 다윗이 선지자 나단에게 이
> 르되 나는 백향목 궁에 거주하거늘 여호와의 언약궤는 휘장
> 아래에 있도다

그의 고백을 들어봅시다. "아, 나는 이렇게 왕이 되어서 왕궁에 편안하게 있는데, 하나님의 궤, 언약궤가 휘장 아래 있어 너무나 마음이 아프구나."

모세 이후로 500년의 세월이 흘렀지만 여전히 하나님의 성전이 없어 하나님의 궤는 휘장 아래 있었습니다. 게다가 휘장은 낡고 낡았습니다. 이스라엘 백성들이 광야를 지나고 요단강을 건너고 가나안을 정복할 때 하나님 임재의 상징인 언약궤가 항상 앞서갔습니다. 이제는 이스라엘이 가나안 땅을 다 차지하고 통일왕국이 되었지만, 여전히 하나님 언약궤는 낡은 휘장 아래 있습니다. 다윗은 이 사실이 너무 마음 아팠습니다. 다윗의 이런 생각은 다른 누구도 하지 못한 생각입니다. 다윗이 언제 이런 생각을 했는지는 정확히 사무엘하 7장 1절에 나옵니다.

> 여호와께서 주위의 모든 원수를 무찌르사 왕으로 궁에 평안히
> 살게 하신 때에

다윗이 언제 하나님의 궤를 생각했을까요? 이전에도 생각했겠

지만, 정복 전쟁이 다 끝나고 통일왕국을 이룬 후 백향목 궁을 지어서 평안히 살 때 생각했다는 것입니다. '나는 이렇게 편안히 있는데 하나님의 궤는 휘장 아래 있구나. 마음이 아프다.' 이것이 다윗의 위대한 모습입니다. 사람은 누구나 힘들고 어려울 때는 하나님을 찾다가 살 만하고 편안해지면 슬슬 하나님을 잊습니다. 예배에 잘 안 오고 세상으로 나가 버립니다. 인간의 죄성이 그렇습니다. 힘들고 어려울 때는 새벽마다 하나님 붙잡고 눈물로 기도하지만 모든 게 편안해지면 기도 제목도 없어집니다. 자기도 모르게 편안함 속에 빠져 버립니다. 그러다가 하나님을 조금씩 조금씩 멀리하게 됩니다. 이것이 인간의 본성인데 다윗은 모든 것이 편안하고 걱정거리 하나 없을 때 하나님의 궤를 생각했습니다. '하나님의 집이, 하나님의 궤가 휘장 아래 있다니…' 하는 마음을 가졌습니다. 얼마나 귀한 믿음입니까? 이런 마음으로 하나님의 언약궤를 위해서 성전을 짓고 싶다고 나단에게 이야기한 것입니다. 그랬더니 하나님이 나단을 통해 대답을 하십니다. 본문 4절입니다.

> 가서 내 종 다윗에게 말하기를 여호와의 말씀이 너는 내가 거
> 할 집을 건축하지 말라

하나님은 '너는 내가 거할 집을 건축하지 말라'고 말씀하십니다. 그 이유는 다윗이 전쟁을 많이 해서 손에 피를 묻혔고, 사람을 너무

나의 소중한 자산은 가능성이다

많이 죽여서 피 묻은 손으로 성전 짓는 것이 합당하지 않았기 때문입니다. 대신에 그의 아들 솔로몬을 통해서 건축하겠다고 말씀하셨습니다.

우리가 아무리 성전을 건축하고 싶어도 하나님이 허락하시지 않으면 할 수 없습니다. 저는 하남교회에 부임해서 이 성전을 건축하고, 옆에 드림센터도 건축했습니다. 돈이 있다고, 마음이 있다고 건축하는 것이 아니라 하나님이 허락하셔야 건축하는 것입니다. 그런 의미에서 하남교회 성전 건축에 동참한 분들은 하나님의 은혜를 입은 줄 믿으시길 바랍니다. 참 감사한 일입니다. 하나님이 다윗에게 '너는 내가 거할 집을 건축하지 말라'라고 거절하셨을 때 그가 얼마나 섭섭했겠습니까? 좋은 마음을 몰라주니 섭섭할 수 있겠지만 다윗은 일체 그런 말을 하지 않습니다. 그리고 '그래요. 나는 성전을 건축하지 못하지만 성전 건축을 위한 재료들을 준비하겠습니다'라고 하면서 사람들을 동원해서 돌들을 다듬고 백향목을 가져오고 녹과 철들을 많이 준비했습니다. 성경에 보면 조금 준비한 것이 아니라 엄청나게 많이 준비했다고 합니다. 나중에 솔로몬은 그것을 가지고 성전을 건축합니다. 다윗은 지나가는 말로 성전을 건축하고 싶다고 한 것이 아니라, 본심으로 하나님의 집을 짓고 싶어 했습니다. 하나님은 다윗의 이런 마음을 귀하게 보시고 '참 훌륭하다. 진짜 내 마음에 든다'라고 하시면서 다윗에게 약속하십니다. 그 약속이 본문 8절에 나옵니다. 무엇을 약속하셨을까요?

네가 어디로 가든지 내가 너와 함께 있어 네 모든 대적을 네 앞
에서 멸하였은즉 세상에서 존귀한 자들의 이름 같은 이름을
네게 만들어 주리라

사람의 복 중에 가장 큰 복은 하나님이 함께하시는 것입니다. 임
마누엘의 복입니다. 하나님이 '그래, 내가 너와 함께 있어 네 앞에 있
는 네 대적을 다 멸하지 않았느냐? 그리고 계속해서 너와 함께할 것
이고, 네 이름을 세상에서 존귀하게 해 주겠다'고 약속하십니다. 그
리고 '세월이 가도 너의 이름을 존귀하게 만들어 주며, 너의 명예를
내가 보존하겠다'라고 말씀합니다.

다윗은 하나님의 성전을 짓겠다는 사모하는 마음 하나를 가졌을
뿐인데, 하나님은 그에게 이렇게 큰 복을 약속하십니다. 그리고 하
나님은 다윗의 말년까지 그 약속을 지키십니다. 역대상 29장 28절
에 이렇게 나옵니다.

그가 나이 많아 늙도록 부하고 존귀를 누리다가 죽으매 그의
아들 솔로몬이 대신하여 왕이 되니라

다윗이 이 땅에서 누렸던 복입니다. 이 한 줄로 하나님이 다윗에
게 얼마나 큰 복을 주었는지 결산해 두셨습니다. 다윗이 나이 많아
늙었다고 합니다. 중년의 삶으로 끝나지 않고 늙도록 살았는데 그

때까지 부했다고 합니다. 그리고 존귀를 누리고 하나님이 약속한 것처럼 명예를 보존해 주셨습니다. 그리고 이 세상을 떠났는데 그 것으로 끝난 것이 아니라 다윗의 몸에서 난 솔로몬에게 왕권을 계승해 주고 편안하게 세상을 떠났습니다. 다윗은 한 가지밖에 안 했습니다. 하나님을 사모한 것밖에 없었습니다. 그런 다윗에게 하나님은 이런 은혜를 부어 주셨습니다. 우리가 하나님 한 분을 붙잡으면 나머지 모든 좋은 것이 따라오는 줄 믿으시길 바랍니다.

다윗의 평생 소원

좋은 목표가 좋은 인생을 만든다고 말씀드린 적이 있지요? 정말 그렇습니다. 좋은 목표, 좋은 소원, 좋은 꿈이 아름답고 멋진 인생을 만들어 주는 것입니다. 여러분은 어떤 꿈을 품고 사십니까?

미국의 유명한 소설가이자 언론인인 어니스트 헤밍웨이(Ernest Miller Hemingway)를 아십니까? 그는 자신의 단편 소설 『킬리만자로의 눈』에서 킬리만자로 위에 있는 눈(snow)에 대해 이야기합니다. 이 단편 소설의 서두는 이렇게 시작합니다. 제가 소설 그대로 몇 줄을 읽어 보겠습니다.

'킬리만자로는 19,710피트 높이의 설산으로 아프리카에서 가장 높은 산으로 알려져 있다. 킬로만자로의 서쪽 봉우리는 마사이어로 '신의 집'을 뜻하는 「누가예 누가이」라고 불린다. 서쪽 봉우리 정상 부근에는 말라 얼어붙은 표범의 시체 한 구가 있다. 표범이 그 고도에서 무엇을 찾고 있었던 것인지는 아무도 설명하지 못했다.'

19,710피트는 약 6천 미터 정도입니다. 그 높은 킬리만자로 정상, 눈 덮인 산에 표범 한 마리가 죽어 있다는 것입니다. 일반적인 표범은 그런 높은 곳에 올라가지 않는다고 합니다. 그런데 왜 거기 가서 죽었는지 사람들이 의아해했지만 아무도 설명하지 못합니다. 성공회대학교 신영복 교수는 아프리카 여행을 하면서 그 현지인들에게 물어보았답니다. 표범이 얼어붙은 킬리만자로산 꼭대기에 올라간 것을 본 적이 있느냐고. 그랬더니 아무도 본 적이 없다고 대답했답니다. 그런데 표범 한 마리가 그곳에서 죽어 있었다는 것으로 소설은 시작합니다. 헤밍웨이도 왜 표범이 그곳에 갔는지는 설명하지 않습니다. 그것은 독자들이 해석할 몫이라는 것입니다.

『인문학을 하나님께』라는 책을 서술한 한재욱 목사는 그의 책에서 킬리만자로의 표범을 이렇게 해석했습니다. '킬리만자로의 표범은 산 정상에 올라가기 위해서 그곳에 간 것이 아니라, 어느 깜깜한 밤하늘에 반짝이는 별과 달을 보고 거기에 가기 위해 킬리만자로 꼭대기까지 이르렀다가 더 이상 못 올라가지 못하고 그곳에서 죽은 것이다'라고 해석합니다. 세상의 꿈이라는 것이 그런 것입니다. 한

나의 소중한 자산은 가능성이다

계가 있습니다. 우리의 목표와 꿈은 킬리만자로산 꼭대기에서 멈추게 되고 그곳에서 끝이 납니다. 사람들이 성공하고 대단한 업적을 이룬다 할지라도 산봉우리 끝, 그 이상은 갈 수가 없습니다. 세상의 모든 목표, 모든 꿈이 그렇습니다.

그래서 시편 39장 6절에는 세상의 모든 꿈을 이렇게 말합니다.

> 진실로 각 사람은 그림자 같이 다니고 헛된 일로 소란하며 재물을 쌓으나 누가 거둘는지 알지 못하나이다

바람을 잡는 것처럼 사람들이 분주하고 바쁘게 살아가지만, 결국 산봉우리에서 끝납니다. 여러분은 어떤 소원을 가지고 계십니까? 바람을 잡으려고 하는 그런 소원에 목숨을 걸고 있지 않습니까? 덧없는 봉우리에서 끝나는 그런 헛되고 작은 일에 인생을 걸고 있지는 않습니까?

다윗의 평생 소원은 한 가지였습니다. 시편 27장 4절에 그의 심정을 이렇게 밝히고 있습니다.

> 내가 여호와께 바라는 한 가지 일 그것을 구하리니 곧 내가 내 평생에 여호와의 집에 살면서 여호와의 아름다움을 바라보며 그의 성전에서 사모하는 그것이라

다윗이 '여호와께 바라는 한 가지 일'을 구합니다. 그것은 평생에 여호와의 집에 살면서 여호와의 아름다움을 바라보며, 그의 성전을 사모하는 것입니다. 한 가지 일을 하나님께 구한다는 것, 그 한 가지를 'One thing'이라고 합니다. 우리 교회 금요일 저녁 기도회를 'One thing Night'이라고 하는데 여기에서 'One thing'을 가지고 왔습니다. 오직 한 가지를 구하는데, 그것은 평생에 여호와의 집에 살고 싶다는 것입니다. 다윗은 자기 궁궐이 있었습니다. 신하들도 있고, 먹을 것도 많은 편안한 궁궐이 있었음에도 불구하고 그의 평생 한 가지 소원은 여호와의 집에 살고 싶다는 것이었습니다. 그리고 여호와의 아름다움을 바라보고 그의 성전에서 하나님을 사모하는 것이 그의 평생의 한 가지의 꿈이라고 말합니다. 성경에서 복 있는 사람을 무엇에 비유했을까요? 시편 92장 12절에 보니,

> 의인은 종려나무 같이 번성하며 레바논의 백향목 같이 성장하리로다

의인은 종려나무처럼 번성합니다. 여기서 말하는 의인은 예수 믿는 하나님의 자녀들을 말합니다. 의인은 종려나무와 같이 번성하고 레바논의 백향목과 같이 성장합니다. 의인은 번성하고 성장합니다. 어떻게 그렇게 될 수 있을까요? 13절에서 이렇게 말합니다.

나의 소중한 자산은 가능성이다

이는 여호와의 집에 심겼음이요 우리 하나님의 뜰 안에서 번
성하리로다

종려나무와 백향목이 번성하는 이유는 한 가지입니다. 그것은 여호와의 집에 심겼기 때문입니다. 하나님 집에 심겼기 때문에 번성할 수 있습니다. 그리고 하나님의 뜰 안에서 번성한다고 합니다.

여러분들은 하나님의 집인 교회에 심기시기를 바랍니다. 뿌리 없이 왔다 갔다 하면 안 됩니다. 하나님의 집에 심겨 있어야 우람한 나무가 될 수 있습니다. 우리가 주의 몸 된 교회에 심겨 있다가 하늘나라에 가고, 우리의 자녀인 아들딸들이 또 이곳에서 주님을 섬기고, 또 손자들도 이곳을 섬기는 것이 여호와의 집에 심겨 있는 모습입니다. 그것을 복이라고 합니다. 다윗이 구한 것은 오직 한 가지, 구중궁궐도 있고 왕궁도 있지만 그것보다도 하나님의 집에 머물면서 하나님을 사모하는 것이었습니다. 오직 한 가지 소원, 그것은 하나님의 전을 사모하는 것입니다. 하나님은 그 한 가지 때문에 다윗에게 복을 주시고 은혜를 부어 주셨습니다.

우리는 교회에 뿌리를 내려야 합니다. 교회에 심겨 있어야 합니다. 그래야 우람하고 번성한 삶을 살아갈 수가 있습니다. 구약의 이 성전 개념이 신약에 오면 교회입니다. 에베소서 1장 22절에 이런 말씀을 합니다.

> 또 만물을 그 발 아래에 복종하게 하시고 그를 만물 위에 교회
> 의 머리로 삼으셨느니라

교회의 머리가 예수 그리스도이십니다. 우리의 머리는 예수 그리스도라고 말씀하시고 그다음 절인 23절에서 이렇게 밝히고 있습니다.

> 교회는 그의 몸이니 만물 안에서 만물을 충만하게 하시는 이
> 의 충만함이니라

또한 교회는 예수님의 몸이라고 합니다. 교회가 예수님의 몸이고 '만물 안에서 만물을 충만하게 하시는 이의 충만함'이라고 합니다. 그래서 우리 모두는 예수의 몸 안에 연결되어 있습니다. 우리가 살고 있는 이 시대에 평생의 소원이 하나 있다면 주의 전인 교회, 그리스도의 몸인 교회를 사모하고 교회에 심겨 있는 것입니다. 그리고 그것이 우리의 소원이 될 때 우리는 이 시대 속에서도 한없는 위로와 선샤인이신 예수 그리스도를 닮아 가는 복을 누리게 될 것입니다.

우리는 예배를 마치면 교회를 떠납니다. 이 교회는 하나님의 집이라고 합니다. 그렇다면 우리가 앉았던 자리를 깨끗하게 정리하고 가야 합니다. 여러분이 떠나면 예배당은 텅 빌 것입니다. 하지만 아

무도 없는 것처럼 보이는 이곳에 그리스도가 계심을 믿으시길 바랍니다. 성경은 교회가 그리스도의 몸이라고 말합니다. 우리는 주의 몸속에 온 것입니다.

우리의 좋은 목표, 좋은 소원, 좋은 꿈이 좋은 인생을 이룬다고 하는데 평생에 무슨 꿈을 꾸겠습니까? 평생의 꿈이 무엇입니까?

당신의 마음 온도는
몇 도입니까

오늘은 정말 추운 날씨입니다. 실내에 있어 모르겠지만 아침에는 영하 11도, 12도를 찍었습니다. 사람의 마음에도 온도가 있습니다. 어떤 사람은 차가운 사람, 영하의 날씨 같습니다. 또 봄날같이 따뜻한 마음을 가진 사람도 있습니다. 마음이 따뜻하고 마음의 온도가 높은 사람 곁에 사람들이 모입니다.

성경은 말합니다. '마음이 온유한 자는 복이 있나니.' 온유하다는 것은 따뜻하다는 것입니다. 마음의 온도가 높은 사람은 복이 있는 땅을 기업으로 차지한다고 하지 않습니까? 이분이 누굽니까? 바로 예수 그리스도십니다. '나는 마음이 온유하고 겸손하니 내 멍에를 메고 내게 배우라'고 하지 않았습니까? 예수님은 온유하고 따뜻합니다. 그리고 겸손합니다. 그래서 예수님이 가는 곳마다 수많은 사람이 몰려오지 않습니까? 그분을 존중하고 따라옵니다. 왜 그렇습니까? 한없이 따뜻하고 한없이 겸손하기 때문입니다.

다윗이 하나님을 사모했던 것처럼 평생에 예수님을 사모하시기 바랍니다. 그리고 주의 몸 된 교회를 사모하시길 바랍니다. 그럴 때 우리는 예수님의 따뜻한 마음, 겸손한 마음을 배우게 됩니다. 그리고 우리가 영원한 선샤인 되신 예수 그리스도의 빛나는 얼굴을 바라보고 주님의 마음을 품고 있을 때 조금씩 조금씩 예수님을 닮아 가게 될 것입니다.

빌립보서 2장 5절에서 하나님은 이렇게 말씀하십니다.

너희 안에 이 마음을 품으라 곧 그리스도 예수의 마음이니

마음의 온도를 이야기합니다. 온유와 겸손함, 이 예수의 마음을 품고, 그분을 사모하면 지금 우리가 부족한 것 같지만 조금씩 예수님의 마음의 온도를 닮아 가게 될 것입니다.

그래서 우리 얼굴도 예수의 빛나는 얼굴로 변화되어, 염려 하나 없는 환한 선샤인 되신 주님의 얼굴빛으로 이 땅에서 살게 될 것입니다.

여러분의 평생의 소원이 무엇입니까? 예수 그리스도 빛나는 영광, 선샤인을 사모하고 사모해서 여러분 마음의 온도가 예수님처럼 되기를, 빛나는 주님의 얼굴로 변화되어 이 땅에 그 무엇도 부럽지 않고 늘 만족하며 늘 감사하기를, 하루하루가 기쁘고 만족스러운

삶을 살기를 주의 이름으로 축복합니다.

2장

꿈에 도착하려면
우선 출발하라

1 유다 왕 여호야김이 다스린 지 삼 년이 되는 해에 바벨론 왕 느부갓네살이 예루살렘에 이르러 성을 에워쌌더니 **2** 주께서 유다 왕 여호야김과 하나님의 전 그릇 얼마를 그의 손에 넘기시매 그가 그것을 가지고 시날 땅 자기 신들의 신전에 가져다가 그 신들의 보물 창고에 두었더라 **3** 왕이 환관장 아스부나스에게 말하여 이스라엘 자손 중에서 왕족과 귀족 몇 사람 **4** 곧 흠이 없고 용모가 아름다우며 모든 지혜를 통찰하며 지식에 통달하며 학문에 익숙하여 왕궁에 설 만한 소년을 데려오게 하였고 그들에게 갈대아 사람의 학문과 언어를 가르치게 하였고 **5** 또 왕이 지정하여 그들에게 왕의 음식과 그가 마시는 포도주에서 날마다 쓸 것을 주어 삼 년을 기르게 하였으니 그 후에 그들은 왕 앞에 서게 될 것이더라 **6** 그들 가운데는 유다 자손 곧 다니엘과 하나냐와 미사엘과 아사랴가 있었더니 **7** 환관장이 그들의 이름을 고쳐 다니엘은 벨드사살이라 하고 하나냐는 사드락이라 하고 미사엘은 메삭이라 하고 아사랴는 아벳느고라 하였더라 **8** 다니엘은 뜻을 정하여 왕의 음식과 그가 마시는 포도주로 자기를 더럽히지 아니하리라 하고 자기를 더럽히지 아니하도록 환관장에게 구하니 **9** 하나님이 다니엘로 하여금 환관장에게 은혜와 긍휼을 얻게 하신지라

단 한 번도 이룰 수 없는 꿈을 꾸어 보지 않은 청춘,
단 한 번도 현실 밖의 일을 상상조차 하지 않는 청춘,
그 청춘은 청춘도 아니다.
허무맹랑하고 황당무계해 보이는 꿈이라도

가슴 가득 품고 설레어 그 힘찬 발걸음을 내디딜 때

청춘이라 할 수 있지 않겠는가?

이것이야말로 눈부신 젊음의 특권 아니겠는가?

-한비야, 『그건 사랑이었네』 중에서-

어떤 장소에 도착하려면 우선 출발해야 합니다. 여러분들이 꿈 꾸는 곳에 도착하기 위해서는 막연히 바라보고만 있을 것이 아니라, 일단 출발을 해야 합니다. 꿈은 너무나 소중한 것입니다. 승자의 주머니에는 꿈이 있고, 패자의 주머니 속에서는 욕심이 들어 있다고 합니다. 꿈과 욕심은 비슷한 것 같습니다. 미래에 대한 바람이라는 점이 비슷합니다. 하지만 꿈과 욕심은 우리 인생을 전혀 다른 방향으로 끌고 갑니다. '꿈을 꿀 수 있다'는 말에는 그 꿈을 이룰 수도 있다는 의미도 있습니다. 왜냐하면 우리가 믿는 하나님이 살아계시기 때문입니다. 우리가 하나님을 믿는다는 것은 하나님이 살아계신다는 것과 하나님을 찾는 자들에게 상 주시는 분임을 믿는 것입니다. 그것이 살아있는 믿음입니다.

당신의 주머니에는 무엇이 들어 있습니까? 꿈입니까? 욕심입니까?

꿈을 꾼다는 것은 멋진 이야기입니다. 꿈의 정의는 무엇일까요? 다양한 정의가 있겠지만 꿈은 '아직 오지 않는 미래에 대한 설렘'입니다. 아직 오지 않았지만, 마음을 설레게 하는 것이 꿈입니다. 꿈이

나의 소중한 자산은 가능성이다

있기 때문에, 오늘 답답하고 어둡더라도, 기가 찬 상황을 맞는다 할지라도 견딜 수 있는 에너지가 생기는 것입니다. 이것이 굉장히 중요합니다. 설렘은 에너지가 될 수 있습니다.

초등학생 꼬맹이들에게 "네 꿈이 뭐야?"라고 물어보면 대부분의 아이들은 "나는 이다음에 의사가 될 거예요" "나는 이다음에 공부를 많이 해서 학자가 되고 교수가 될 거예요" 등 하고 싶은 '직업'을 말합니다. 하지만 직업은 꿈일 수가 없습니다. 직업은 꿈을 이루는 하나의 과정이나 도구일 수는 있지만 직업 자체가 꿈은 아닙니다. 많은 사람이 꿈을 직업이라고 생각하지만 그렇지 않습니다.

꿈꾸는 자가 되라

신학대학원 3년 동안 같은 반에서 공부한 친한 친구 목사가 있습니다. 그 친구는 저를 만나면 자주 이런 이야기를 합니다. "너는 학교 다닐 때부터 늘 꿈을 꾸었어. 네가 꿈 얘기할 때마다 네 얼굴을 보면 잡히지 않지만 가물가물하게 아지랑이가 피어나는 것 같았어." 신학대학원에 입학한다는 것은 이미 목사 후보생 자격으로 입학을 한 것입니다. 후보생 고시를 거쳐서 이다음에 목사가 된다는 전제하에 대학원에 들어갔다는 것입니다. 그렇다면 그 시절에 제가 무슨 꿈을 꾸었을까요? '나는 목사가 되어야지.' 이것은 꿈이 아닙니다. 때가 되어 모든 과정을 마치면 목사가 될 수 있습니다. 그것은 꿈일 수 없습니다. 그때 꿈을 꾸었다는 것은 '목사가 되긴 되는데 어떤 목사가 될 것인가'입니다. '예수님 닮은 선한 목자가 되어야지.' 이것이 제 꿈이었습니다. 가난한 사람들, 아파하는 사람들을 위로해 주는 목사, 눈물 흘리는 사람들의 눈물을 닦아 주고, 두려워하는 사람에게 용기를 주는 예수님을 닮은 선한 목자가 되는 꿈을 꾸었습니다. 당신의 마음속에는 어떤 꿈이 있습니까? 아니면 욕심이 있습니까?

오늘 저는 다니엘과 세 친구의 이야기를 통해서 진짜 좋은 꿈이 무엇인지 나눠 보려고 합니다. 본문 1절은 이렇게 기록하고 있습니다.

유다 왕 여호야김이 다스린 지 삼 년이 되는 해에 바벨론 왕 느부갓네살이 예루살렘에 이르러 성을 에워쌌더니

'유다 왕 여호야김이 다스린 지 3년이 되는 해'는 주전(BC) 605년 즈음입니다. 성경은 정확하게 그때를 이야기하고 있습니다. 그때에 바벨론 왕 느부갓네살이 예루살렘에 이르러 성을 에워쌌다고 기록하고 있습니다. 그리고 그곳에서 어떤 일이 일어났는지를 성경은 계속 이야기합니다. 느부갓네살은 성전에서 쓸 만한 기구들을 가지고 가서 자기들의 신전 보물창고 안에 두었다고 합니다. 그리고 유대인 중에서 쓸 만한 인재들, 왕족이나 귀족들 중에서 뛰어난 인물들을 뽑아서 끌고 갑니다. 바벨론의 인재로 사용하려고 끌려간 사

람들의 명단이 6절에서 나옵니다.

> 그들 가운데는 유다 자손 곧 다니엘과 하나냐와 미사엘과 아
> 사랴가 있었더니

끌려간 많은 사람 중에서 특별히 다니엘과 그의 세 친구 하나냐, 미사엘, 아사랴가 끌려갔다고 기록되어 있습니다. 그리고 7절을 보면, 이들은 끌려가서 이름이 바벨론식으로 바뀝니다.

> 환관장이 그들의 이름을 고쳐 다니엘은 벨드사살이라 하고 하
> 나냐는 사드락이라 하고 미사엘은 메삭이라 하고 아사랴는 아
> 벳느고라 하였더라

그리고 바벨론은 그들에게 바벨론 언어를 가르쳐서 학문을 하게 한 후, 그 나라의 일꾼으로 사용하기 위해서 특별대우를 합니다. 그뿐만 아니라 왕은 그들에게 특별한 음식을 하사합니다(5절).

> 또 왕이 지정하여 그들에게 왕의 음식과 그가 마시는 포도주
> 에서 날마다 쓸 것을 주어 삼 년을 기르게 하였으니 그 후에 그
> 들은 왕 앞에 서게 될 것이더라

그렇게 3년 동안 공부시키고 키운 다음 왕 앞에 데려가면 왕이 적당한 자리에 앉히는 것입니다. 왕의 입장에서는 포로들에게 특별 대우를 한 것이고, 끌려온 다니엘과 세 친구들 입장에서도 비록 포로지만 왕의 음식을 먹는 특권을 누리게 된 것입니다. 하지만 다니엘과 그의 세 친구들은 왕이 주는 음식과 왕의 호의를 거절합니다. 그것에 대해 8절에서 말합니다.

> 다니엘은 뜻을 정하여 왕의 음식과 그가 마시는 포도주로 자기를 더럽히지 아니하리라 하고 자기를 더럽히지 아니하도록 환관장에게 구하니

다니엘은 뜻을 정했습니다. '왕의 음식과 그가 마시는 포도주로 자기를 더럽히지 아니하리라'는 뜻이었습니다. 굉장한 다짐입니다. '자기를 더럽히지 않겠다'는 표현을 두 번이나 반복합니다. 그리고 자기를 더럽히지 아니하도록 환관장에게 구했습니다. 그렇다면 무엇으로 자기를 더럽히지 않겠다는 것입니까? 왕의 음식과 그의 포도주로 자기를 더럽히지 않겠다는 것입니다. 이것은 왕의 음식이기 때문에 더럽혀진다는 뜻이 아닙니다. 고대 근동 지방에서는 음식을 먹기 전에 신전에 바쳐 신에게 제사한 다음에 왕족과 귀족들이 그 음식을 나누어 먹었습니다. 다른 말로 하면 왕이 먹는 음식은 우상의 제물입니다. 하지만 다니엘과 친구들은 하나님의 백성, 하나님

나의 소중한 자산은 가능성이다

의 자녀입니다. 우상의 제물을 먹으면 자신들의 신앙이 더러워지는 것입니다. 그래서 자기를 더럽히지 않으려고 왕이 주는 호의를 거절합니다. 다니엘과 그의 세 친구는 비록 바벨론에 있지만, 바벨론에서 빛나는 사람으로, 선샤인 같은 사람으로 살기로 다짐한 것입니다. '우리가 이 땅에 끌려와서 할 수 있는 일이 아무것도 없지만 우리의 신앙만은 지키자.' 하나님의 자녀라는 소중한 신분을 지키기 위해 왕의 호의를 거절한 것입니다. 고린도전서 10장 31절에 이런 말씀이 있습니다.

> 그런즉 너희가 먹든지 마시든지 무엇을 하든지 다 하나님의
> 영광을 위하여 하라

'하나님 영광'은 우리 삶의 목적을 말합니다. 우리의 직업이 무엇이든지, 어떤 일을 하든지 아무 상관이 없습니다. 다만 하나님 영광을 위해서 하라는 것입니다. 다니엘과 세 친구들은 하나님의 영광을 위해서 우상의 제물을 먹지 않았습니다. 그들의 삶의 목적대로 왕의 진미를 거절했습니다. 이들은 바벨론의 눈치를 적당히 보면서 '출세해야겠다' 혹은 '기회를 봐서 도망가야지'라는 계획을 세우지 않았습니다. 그들의 꿈은 비록 바벨론에 끌려왔지만, 바벨론, 즉 하나님을 모르는 세상에서 하나님의 빛으로 살아야겠다는 좋은 꿈을 꾸고 있는 것입니다. 하나님의 자녀답게 살겠다는 뜻을 정한 것입

니다. 뜻을 정한다는 것은 하나님을 위한 선한 일에 마음을 정하는 것입니다. 이것은 고집을 부리는 것과는 다릅니다. 뜻을 정하는 것은 선한 일에 마음을 정하는 것입니다. 반면에 고집을 부리는 것은 자기 생각을 주지시키기 위한 것입니다. 자기주장을 끝까지 내세우는 태도입니다. 이것을 우리나라 말로 '억지', 혹은 '생떼'라고 합니다. 다니엘은 억지를 부리고 생떼를 쓰는 것이 아니라 하나님의 선한 일을 위해서 마음의 뜻을 정한 것입니다. '하나님의 백성'이라는 가치를 잃어버리지 않기 위해서 기름진 음식과 밝은 미래를 거절한 것입니다. 이들은 바벨론 포로로 끌려왔지만 그들의 목적, 그들의 꿈은 바뀌지 않았습니다. 이것은 너무 중요한 것입니다. 사람들은 상황이 바뀌면 그 상황에 적응하려고 합니다. 하지만 그들은 환경이 바뀌고 상황이 바뀌어도 하나님을 향한 원래의 목적, 자신들의 삶의 목적을 바꾸지 않습니다. 남의 나라에 끌려와서 이들이 할 수 있는 일이 아무것도 없었을 것입니다. 포로로 끌려왔는데 무엇을 할 수 있었겠습니까?

이런 상황에서 할 수 있는 선택은 두 가지가 있습니다. 첫 번째, 시키는 대로 하는 것입니다. 적당히 적응하면서 주는 대로 먹고 시키는 대로 하면 아무 문제가 없습니다. 요즘 말로 하면 세상 돌아가는 대로 처세술을 발휘해서 적당하게 살아가는 것입니다. 그러면 아무런 문제가 없습니다. 편하게 살아갈 수 있습니다. 두 번째, 손해를 보더라도 하나님의 자녀라는 믿음을 지키는 것입니다. 그럴 때

나의 소중한 자산은 가능성이다

많은 것을 잃을 수 있고 손해 볼 수 있습니다. 이들은 성공과 출세가 보장돼 있지만 그것을 버립니다. 하나님 자녀의 가치를 더 중요하게 여기고 하나님의 영광을 위해 살겠다는 것입니다. 그렇게 다짐을 한 것입니다.

믿음 있는 자들의 특징

마귀는 한 가지 목적을 가지고 우리에게 다가옵니다. 우리의 환경을 바꾸고 때로는 좋은 상황도 만들어 주면서 은밀한 계획을 가지고 다가옵니다. 우리 삶의 목적을 바꿔 버리는 것입니다. 이 땅에 사는 하나님 자녀들의 목적은 한 가지입니다. 바로 하나님 영광을 위해 사는 것입니다. 그런데 마귀는 우리의 목적을 바꾸려고 합니다. '그게 아니야, 대충 살아. 뭐 있어? 그냥 대충 살아.' 마귀는 하나님의 영광을 위한 삶의 목적을 바꿔 버리려고 은밀하게 우리에게 다가옵니다. 다니엘과 그의 세 친구들은 아무리 환경이 바뀌고 상황이 달라져도 자신들의 원래 목적, 원래 품은 꿈을 바꾸지 않습니다. 이것이 믿음의 사람들의 특징입니다. 환경이 바뀌고 상황이 달라져도 하나님의 자녀라는 신분에 걸맞은 원래의 목적을 절대 바꾸지 않습니다. 하나님의 영광을 붙잡는 것입니다.

우리는 일상을 살면서 다양한 사람들을 만납니다. 그중에는 남의 허물을 들추고 뒷담화하면서 욕하는 사람들이 있습니다. 은근히 자신을 높이면서 다른 사람을 낮추는 사람이 있습니다. 이런 사람들은 상대방을 존중하지 않기 때문에 그러는 것이 분명하지만, 이는 겉으로 드러난 현상일 뿐이고 실제로는 자기 자신을 존중하지 않는 사람들입니다. 자기 자신의 가치를 모르기 때문에 남을 공격하고 욕하는 방식으로 자신의 가치를 드러내려고 합니다. 반대로 말해 자신을 존중하는 사람이 되어야 남을 존중하는 사람이 된다는 것입니다. 성숙한 믿음을 가진 사람들은 자기 자신에 대한 존중감이 높다고 합니다. 심리학에서 말하는 존중감은 '나는 소중하다'는 마음입니다. 자존감과 자존심은 다릅니다. 자존심은 '내가 잘났다'를 주장하는 것입니다. 반면에 자존감은 '나는 참 소중해'라는 마음입니다. 자기를 존중하는 것입니다. 믿음이 건강한 사람일수록 '나는 참 소중해. 내가 처한 상황을 보면 소중하지 않은 것 같고 가치 없는 것 같지만, 하나님이 나를 사랑하시기 때문에 예수 안에 있는 나는 너무나 소중해'라는 감정을 가지고 있는 것입니다. 그래서 자존감이 높은 사람들은 세상이 아름답습니다. 그런 사람은 풍요로운 삶을 삽니다. 자신이 소중한 사람은 인생을 함부로 살지 않습니다. 다니엘과 세 친구들은 자신이 소중하다는 것을 아는 사람들이었습니다. 8절을 보면,

> 다니엘은 뜻을 정하여 왕의 음식과 그가 마시는 포도주로 자
> 기를 더럽히지 아니하리라 하고 자기를 더럽히지 아니하도록

나의 소중한 자산은 가능성이다

자신들이 얼마나 소중한 존재인지 알기 때문에 우상의 제물로 드린 음식으로 자기를 더럽히지 않겠다고 합니다. 우선은 맛있고, 이익이 될지 모르지만 그들은 왕의 호의를 거절함으로써 자신을 소중히 여겼습니다. 이렇게 자존감이 높은 사람들은 자기를 존중할 줄 아는 사람들입니다. 그래서 함부로 살지 않습니다. 하지만 자신의 소중함을 모르는 사람은 되는 대로 살아 버립니다. 아무 일이나 하고, 아무거나 먹고, 아무 데나 갑니다. 하지만 다니엘은 '나는 참 소중해'라는 자존감, 자기 존중감을 가지고 있었습니다. 그러니까 그런 상황 속에서도 뜻을 정하고 언제나 하나님의 사람으로 살겠다고 결단한 것입니다. 바벨론이라는 어두운 세상에 있지만 타협하지 않고 믿음으로 살겠다는 아름다운 꿈을 가진 것입니다. 하나님은 이런 모습을 귀하게 보십니다. 하나님의 영광을 위해 살아가겠다는 꿈을 가진 사람에게 하나님의 마음이 온통 다 가 있는 것입니다.

다니엘 1장 마지막 절은 이렇게 기록되고 있습니다.

다니엘은 고레스 왕 원년까지 있으니라

다니엘이 고레스 왕 원년까지 있다는 것이 무슨 뜻일까요? 다니엘이 끌려올 때는 바벨론 느부갓네살 왕 때였는데 페르시아 고레스 왕 때까지 있었다는 것입니다. 그 중간에 왕이 여러 명이 더 있었습니다. 나라의 패권도 바뀝니다. 바벨론 제국에서 메대와 바사 패권으로 바뀌면서 왕들도 지나갑니다. 이렇게 왕이 네 번 바뀌고 고레스 왕 때까지 다니엘이 있었다는 것입니다. 하나님이 여기서 하시고 싶은 말씀은 무엇일까요? 멋진 꿈을 가진 사람, 하나님 앞에서 믿음으로 살겠다고 결단한 사람, 누가 뭐라고 해도 자신의 소중한 믿음을 지키겠다는 꿈을 꾸는 사람에게 하나님이 어떻게 은혜를 베푸시는지를 우리에게 보여 주고 싶은 것입니다. 고레스 왕 원년에 왕은 1차, 2차, 3차에 걸쳐 바벨론에 포로로 끌려왔던 유대인들이 고국으로 돌아가도록 칙령을 내리지 않습니까? 이렇게 고국으로 돌아가라는 칙령이 내려질 때까지 다니엘은 총리 자리에 선샤인으로 있었다는 것입니다.

사랑하는 여러분! 여러분들은 어떤 꿈을 가지고 있습니까? 내일은 성탄절입니다. 우리 예수님이 이 땅에 오신 날입니다. 성탄절이 되면 자연스럽게 동방박사가 생각 나지 않습니까? 마태복음 2장 1절에서 이 동방박사 이야기를 합니다.

> 헤롯 왕 때에 예수께서 유대 베들레헴에서 나시매 동방으로부
> 터 박사들이 예루살렘에 이르러 말하되

'헤롯왕 때에' 역사적인 사실을 말하는 것입니다. 그때 예수께서

나의 소중한 자산은 가능성이다

유대 베들레헴에서 나셨습니다. 그러자 동방으로부터 박사들이 예루살렘에 왔다고 합니다. 이 동방이 어디일까요? 바로 바벨론입니다. 베들레헴에 온 동방의 박사들이 누군지에 대해 많은 학자들이 이런 이야기를 합니다.

다니엘이 바벨론에서 선샤인으로 살았을 때 자기가 믿는 여호와 하나님을 박사들, 즉 고위 관직자들에게 이야기했을 것입니다. 특별히 느부갓네살 왕은 꿈을 꾸고 박사들에게 그 꿈을 해석하지 못하면 죽인다고 했었습니다. 아무도 그 꿈을 해석하지 못했는데 다니엘이 꿈을 해석하면서 그 사람들을 죽음에서 구해 주었습니다. 이런 다니엘을 옆에서 지켜보면서 위대하신 하나님의 존재를 알게 되었을 것이고, 다니엘은 그 사람들에게 계속해서 여호와 하나님에 대한 이야기했을 것입니다. 베들레헴에 온 동방의 박사들은 바로 다니엘의 영향을 받았던 그 박사들의 후예라는 것입니다. 다니엘은 남의 나라에서도 오직 하나의 꿈을 가지고 하나님의 영광을 위해 살겠다고 결단하고, 하나님 자녀의 신분을 포기하지 않았습니다. 눈앞에 좋은 이익이 생긴다 할지라도 타협하지 않고, 하나님의 영광을 위해 선샤인으로 사는 꿈을 꾼 것입니다. 바벨론에서 빛나는 삶을 사는 것이 그의 꿈이었습니다.

기도하며 날마다 출발하기

오늘 주제처럼, 꿈에 도착하려면 우선 출발해야 합니다. 꿈이 어떤 지점이라면 출발해야 됩니다. 그래야 도착할 수 있습니다. 그런데 꿈이라는 것은 어떤 장소나 목표 지점이 아닙니다. 우리 마음속에 평생 만들어 가야 할 삶의 목적이기 때문에 우리는 그 꿈을 향해 출발을 하되 날마다 출발해야 됩니다. 다니엘 6장 10절을 보면,

> 다니엘이 이 조서에 왕의 도장이 찍힌 것을 알고도 자기 집에
> 돌아가서는 윗방에 올라가 예루살렘으로 향한 창문을 열고 전
> 에 하던 대로 하루 세 번씩 무릎을 꿇고 기도하며 그의 하나님
> 께 감사하였더라

여기서 주목할 것은 다니엘의 모습입니다. 다니엘이 결심하고 뜻을 정했지만 그것은 인간의 힘으로 할 수 있는 것이 아닙니다. 그래서 다니엘은 하루에 세 번씩 무릎을 꿇고 기도했다는 것입니다. 그의 기도 제목은 '하나님, 오늘도 내가 하나님의 영광을 위해 살게 해 주십시오. 오늘도 유혹받지 않고 하나님 자녀의 신분을 유지하며 살게 해 주십시오. 하나님의 위대하심을 내 삶에서 드러내게 해 주시옵소서'입니다. 그것도 하루에 세 번씩 무릎을 꿇고 기도합니다. 매일매일 꿈을 향해 출발해서 그때까지 온 것입니다. 다니엘은

기도로 그 꿈을 향해 계속 가고 있는 것입니다. 그렇게 우리도 날마다 우리의 꿈을 향해 기도로 출발해야 합니다. 매일매일 하나님 영광이라는 꿈을 가지고 출발하는 것, 오늘도 자신의 삶 속에서 하나님 영광을 위해 살게 해 달라고 기도하는 모습을 하나님이 귀하게 여기십니다.

로마서 14장 8절에 이런 말씀이 있습니다.

> 우리가 살아도 주를 위하여 살고 죽어도 주를 위하여 죽나니
> 그러므로 사나 죽으나 우리가 주의 것이로다

주님의 영광이라는 삶의 목적, 살아도 주를 위하여 살고 죽어도 주를 위하여 죽어, 사나 죽으나 우리는 주님의 것이고 주의 영광을 위해 사는 것이 우리의 가장 높은 꿈이라는 것입니다. 여러분들은 마음에 어떤 꿈을 품고 계십니까? 어두운 세상, 어두운 바벨론 같은 세상에 우리가 다니엘처럼 빛으로 존재할 때 하나님이 영광을 받으십니다.

하나님은 우리를 통해서 수많은 사람이 주께로 돌아오게 하는 계획을 가지고 계십니다. 가정에서나 직장에서 어떤 일을 하든지 각자가 있는 그 자리에서 선샤인, 빛으로 존재하십시오. 하나님 자녀로 그곳에 머무르십시오. 그것이 우리의 영원한 꿈이 될 때 하나님은 그 꿈을 응원하시고, 전능하신 하나님의 손이 나타날 줄로 믿

습니다. 아름다운 이 꿈을 위해 날마다 출발해서 모두 이루시기 바랍니다. 가장 높은 이 꿈을 잡으면, 나머지 것들은 딸려 오게 되어 있습니다. 살아도 주를 위해 살고, 죽어도 주를 위해 죽나니 우리가 사나 죽으나 주님의 것입니다. 이것이 영원한 여러분의 꿈이 되시기를 예수 이름으로 축복합니다.

3장

나를 일으킬 단 하나는
꿈이다

17 기록된 바 내가 너를 많은 민족의 조상으로 세웠다 하심과 같으니 그가 믿은 바 하나님은 죽은 자를 살리시며 없는 것을 있는 것으로 부르시는 이시니라 **18** 아브라함이 바랄 수 없는 중에 바라고 믿었으니 이는 네 후손이 이같으리라 하신 말씀대로 많은 민족의 조상이 되게 하려 하심이라 **19** 그가 백 세나 되어 자기 몸이 죽은 것 같고 사라의 태가 죽은 것 같음을 알고도 믿음이 약하여지지 아니하고 **20** 믿음이 없어 하나님의 약속을 의심하지 않고 믿음으로 견고하여져서 하나님 께 영광을 돌리며 **21** 약속하신 그것을 또한 능히 이루실 줄을 확신하 였으니 **22** 그러므로 그것이 그에게 의로 여겨졌느니라 **23** 그에게 의로 여겨졌다 기록된 것은 아브라함만 위한 것이 아니요

우리는 새해가 되면 나이를 한 살씩 더 먹습니다. 19살짜리 아이들은 20살이 되는 것이 너무 기쁠 것입니다. 이제 성년이 되었으니까요. 하지만 연세가 높으신 어른들에게는 한 살 더 먹는 것은 서글픈 일입니다. 나이를 한 살 더 먹는 것이 어떤 이에게는 기쁜 일이지만, 어떤 이에게는 무거운 짐이 되기도 합니다. 예수 안에 있는 우리도 나이

가 있습니다. 누군가 "예수 안에 있는 우리들은 몇 살일까요?"라는 질문에 '햇살'이라고 답했다고 합니다. 우리는 햇살입니다. 그것도 아침 햇살, 선샤인입니다. 예수님이 '너희는 세상의 빛이다'라고 말씀하십니다. 사실은 우리 예수님이 '선샤인'이신데, 주님이 우리를 세상의 빛이라고 하십니다. 하나님이 우리를 이 세상의 빛으로 부르셨습니다. 새롭게 시작되는 이 한 해 동안 가는 곳마다, 각자가 서 있는 곳에서 멋진 빛을 발하는 선샤인 같은 삶을 살기를 예수 이름으로 축복합니다.

우리 앞에 주어진 새해가, 어떤 이에게는 부담이 되고 무슨 일을 만날지 모르는 두려움이 되기도 할 것입니다. 하지만 믿음의 사람들에게는 새로운 기회입니다. 한 번도 가 보지 않은 길이지만, 하나님께서 우리에게 주신 블루 오션, 무진장한 기회의 땅입니다. 이 한 해가 모든 성도들에게 블루 오션, 무진장한 기회의 해가 되기를 축복합니다. 우리는 얼마든지 올 한 해 새로운 꿈을 꿀 수 있습니다. 우리에게 무진장한 기회가 열릴 것입니다. 미래의 시간과 미지의 땅은 그저 우리의 상상과 꿈속에 있을 뿐입니다. 하지만 때가 되면 그것이 현실이 될 수 있습니다.

그래서 오늘 저는 여러분들과 '나를 일으킬 단 하나는 (   )이다' 라는 말씀을 나누려고 합니다. 그렇다면 무엇으로 우리를 일으킬 수 있을까요? 우리에게 무엇을 주면 벌떡 일어날 수 있을까요? 꿈입니다. 나를 일으킬 단 하나는 바로 '꿈'입니다.

우리나라에서 각 방면의 유명한 사람들, 이름만 대면 다 알 만한

나의 소중한 자산은 가능성이다

사람들의 글을 모아서 책을 만들었습니다. 『인생 기출 문제집』이라는 책입니다. 이 책은 1권, 2권으로 구성되어 있는데, 각 분야에서 인정받는 명사이자 인생 선배들이 전하는 인생 지침서입니다. 학자, 예술가, 언론인, 연예인 등 우리 사회 각 분야에서 인정받는 명사들이 우리 시대 청춘들에게 자신의 경험에서 우러나오는 여러 질문을 던집니다. 이 책은 '정답'을 일러 주는 것이 아니라 '문제'를 깨닫게 해 주는 이야기들로 질문만 있고 답은 없습니다. 이 책에서 부모의 마음을 이렇게 기록했습니다. 부모는 자녀를 위해서는 무엇이든지 할 수 있는 사람들입니다. 자식을 위해서라면 집을 팔아서라도 뒷바라지합니다. 자식에게 필요하다면 콩팥이라도 떼 줄 수 있습니다. 이렇게 부모는 애틋한 마음으로 자식에게 모든 것을 줄 준비가 되어 있는데, 자식은 공부도 대충하고, 매일 놀고 엉뚱한 일을 한다면 부모는 속이 무척 상할 것입니다. 그래서 자식에게 물어봅니다. "너 도대체 이다음에 뭐가 될 거야? 너 희망이 뭐야?" 자식이 "몰라요. 아무렇게나 살 거예요. 되는 대로 살 거예요. 간섭하지 마세요"라고 대답하면 부모의 마음은 얼어붙고 괴로워질 것입니다. 이것이 부모의 마음입니다. 그런데 이 책에서 이런 반전의 질문을 독자에게 던집니다. "아무렇게나 살 거예요. 내버려 두세요" 하는 자식을 보고 부모는 속상해하는데, 만약 아무렇게나 살겠다는 그 아이가 당신이라면 가만히 두겠냐고 질문합니다. 우리는 자식들에게 잘하라고 말하면서, 자기 자신은 가만히 내버려 둔다는 것입니다. 아무렇게나 살겠다는 자식을 볼 때 속이 상하는 부모 마음처럼, '하나님, 나 좀 가만히 두세요. 아무렇게나 그냥 살 거예요'라고 하는 우리를 바라보는 하나님도 너무 속상하실 것입니다. 그래서 아무렇게나 살겠다는 철부지 아이를 보는 것처럼, 당신 스스로를 철부지 아이라고 생각하고 잘 돌봐 주라는 것입니다.

날개 잃은 사람들

독일의 시인 프리드히리 실러는 〈산다는 것은 꿈을 꾸는 것이다〉라는 시를 썼습니다.

오늘 저는 그 시의 몇 구절을 소개해 보겠습니다.

> 산다는 것은 꿈을 꾸는 것이다.
> 지혜롭다는 것은 아름답게 꿈을 꾸는 것이다.
> 꿈을 잃은 사람은 새가 두 날개를 잃는 것과 같다.

사람이 꿈을 잃어버렸다는 것은 새가 두 날개를 잃어버린 것과 같습니다. 우리가 산다는 것은 꿈을 꾸는 것이고, 현명하고 지혜롭다는 것은 아름다운 꿈을 꾸는 것입니다. 이것이 사람인데, 꿈을 잃은 사람은 마치 새의 두 날개가 찢어진 것과 같습니다. 아무렇게나 살겠다는 것은 날개를 잃어버린 새처럼 산다는 것입니다. 그렇게

나의 소중한 자산은 가능성이다

실의에 빠지고 절망하는 사람을 무엇으로 일으킬 수 있겠습니까? 절망하는 사람에게 무엇을 주면 일어날 수 있겠습니까? 딱 한 가지입니다. 꿈입니다. 사람은 꿈이 생기면 일어날 수가 있습니다. 자기 세계에 갇혀 세상을 비관하고 살아가는 사람도 꿈이 주어지면 자기만의 세계에서 나올 수가 있습니다.

평범한 사람도 꿈을 가지면 달라질 수 있습니다. 아무렇게나 사는 사람도 꿈이 주어지면 새로운 인생을 살게 됩니다.

하나님이 어느 날 아브라함을 찾아왔습니다. 하란 땅에서 그저 평범하게 살아가는 아브라함을 찾아오신 것입니다. 그곳에서 농사 짓고 가축을 기르며 사람들과 어울려 살다가 죽을 아브라함, 그 아브라함을 찾아오신 것입니다. 그리고 아브라함을 새로운 삶으로 이끌어 내십니다. 그 방법은 아브라함에게 꿈을 주시는 것입니다. 창세기 12장 2절에 보면,

> 내가 너로 큰 민족을 이루고 네게 복을 주어 네 이름을 창대하
> 게 하리니 너는 복이 될지라

하나님이 아브라함에게 꿈을 주시면서 아브라함을 불러내십니다. 그것은 '내가 너로 큰 민족을 이루어 주겠다'는 것입니다. 그 당시에는 자식을 많이 낳는 것을 복 중의 복이라 여겼습니다. 그런데 하나님이 아브라함에게 자식을 많이 줄 뿐만 아니라 큰 민족을 만

들어 주겠다는 엄청난 꿈을 주신 것입니다. 그리고 '네게 복을 주어 너의 이름을 창대하게 해 주겠다. 너는 복이 될지라'고 약속하십니다. 온 세계만방에 그의 이름을 창대하게 하고 복이 되는 꿈을 주신 것입니다. 하나님이 아브라함에게 너무나 벅찬 꿈을 말씀하시는 것입니다. 그렇게 아브라함을 새로운 인생으로 끌어내십니다.

바랄 수 없는 상황에서

오늘 본문을 보면 하나님은 '큰 민족'이라는 실체를 주기 전에 아브라함 마음속에 꿈이라는 씨앗을 주십니다. 그의 이름이 아직 창대하게 알려지기 전에 꿈이라는 씨앗을 가슴에 심어주십니다. 아직은 아무것도 없습니다. 하지만 꿈이라는 씨앗을 가슴에 심어 주셨습니다. 성경을 보면 아브라함이 하나님의 부름을 받을 때의 나이가 75세라고 합니다. 그 나이는 꿈을 꾸기는커녕 이제 있는 꿈도 접어야 할 나이입니다. 나이가 황혼인데 무슨 꿈을 꾸겠습니까? 그런 때에 하나님은 오히려 꿈이라는 씨앗을 가슴에 주신 것입니다. 세월이 흘렀습니다. 하나님이 아브라함의 장막에 찾아오십니다. 그리고 "네 아내 사라가 어디 있느냐?"고 물으십니다. 아브라함은 사라가 장막에 있다고 대답합니다. 그때 하나님이 아브라함에게 사라가 아이를 잉태할 것이라고 말씀하십니다. 그때 아브라함도, 사라도 이미 죽은 몸이라고 합니다. 사라가 생리가 끊어진 지 오래되었다

나의 소중한 자산은 가능성이다

는 것입니다. '아이고, 어떻게 내 몸이 자식을 낳냐?'라고 생각한 것입니다. "네 아내 사라가 잉태하여 자식을 낳을 거야"라는 말을 들으니 하도 기가 막혀 속으로 웃었습니다. '하나님은 농담도 잘하셔. 내 형편이 이런데…'라며 웃었습니다. 그러자 하나님이 아브라함에게 "네 아내가 웃는다"라고 하십니다. 사라가 깜짝 놀라 웃지 않았다고 하니, 아니라며 '네가 웃었다'고 하십니다. 이 얼마나 유머러스한 이야기입니까? 사라가 생각하기에는 그럴 수가 없다는 것입니다. 도저히 불가능한 일입니다. 그런데 오늘 본문 18절에 이렇게 기록합니다.

> 아브라함이 바랄 수 없는 중에 바라고 믿었으니 이는 네 후손
> 이 이같으리라 하신 말씀대로 많은 민족의 조상이 되게 하려
> 하심이라

아브라함이 바랄 수 없는 중에 바라고 믿었다고 합니다. 그때의 상황은 바랄 수가 없을 때였습니다. 아브라함의 몸은 이미 늙어서 고목이 되었고, 아내도 여자의 기능이 끊어졌지만, 바랄 수 없는 중에 바라고 믿었다고 합니다. 그렇게 바라고 믿었던 아브라함에게 하나님이 은혜를 베푸시지 않습니까? 우리가 처한 상황은 꿈을 꿀 수 없고 바랄 수도 없겠지만, 하나님의 전능하심을 믿는다면 우리는 얼마든지 꿈을 꿀 수 있고 새로운 계획을 세울 수 있습니다. 하나

님 때문에 우리가 새로운 인생을 살아갈 수 있음을 믿으시길 바랍니다. 우리의 형편을 보면 못할 것 같지만, 하나님이 계시기 때문에 할 수 있습니다. 피식 웃고 농담으로 여겼던 사라와 아브라함에게 창세기 18장 14절 이렇게 말씀합니다.

> 여호와께 능하지 못한 일이 있겠느냐 기한이 이를 때에 내가 네게로 돌아오리니 사라에게 아들이 있으리라

'여호와께 능하지 못할 일이 있겠느냐?' 하나님이 친히 하신 말씀입니다. '아브라함아, 사라야, 너희들의 몸은 다 늙었다. 하지만 나는 하나님이 아니냐. 여호와께 하지 못할 일이 있겠느냐? 기한이 이를 때에 내가 네게로 돌아오리니 사라에게 아들이 있으리라'고 말씀하셨습니다. 이 하나님이 우리 하나님이신 줄 믿으시길 바랍니다. 하나님은 능히 하지 못할 일이 없습니다. 우리는 못합니다. 하지만 하나님은 할 수 있다는 것입니다. 하나님은 불가능한 현실에서 아브라함에게 꿈을 주셨습니다.

평범한 사람도, 주저앉은 사람도 꿈을 가지면 다시 일어설 수 있습니다. 그래서 '나를 일으킬 단 하나는 꿈'이라는 것입니다. 하나님은 아브라함에게 꿈이라는 씨앗을 주셨습니다. 그래서 아브라함은 늘그막에 다시 꿈을 품고 새로운 인생을 살게 되지 않습니까? 하나님이 아브라함에게 꿈을 주신 것처럼 이 시대를 살고 있는 우리들, 이

나의 소중한 자산은 가능성이다

땅에 살고 있는 우리들에게도 하나님은 꿈을 주시는 분이십니다.

우리가 성령 안에서 얼마든지 꿈을 꿀 수 있도록 하나님이 은혜를 베푸신다는 것을 사도행전 2장 17절에 말씀하십니다.

> 하나님이 말씀하시기를 말세에 내가 내 영을 모든 육체에 부어 주리니 너희의 자녀들은 예언할 것이요 너희의 젊은이들은 환상을 보고 너희의 늙은이들은 꿈을 꾸리라

아브라함에게 말씀하셨던 그 하나님이 우리에게도 말씀하십니다. '내가 내 영을 모든 육체에 부어 주겠다.' 즉, 예수 믿는 모든 사람들에게 성령을 부어 주겠다고 말씀하십니다. 성령이 부어지면 자녀들은 예언할 것이라고 합니다. '예언'은 앞으로의 이야기입니다. 꿈이 없던 아이가 성령을 받으면 미래의 꿈을 꿀 수 있습니다. 그리고 젊은이들은 환상을 본다고 합니다. 꿈이 없던 젊은이가 가슴에서 올라오는 꿈을 품게 된다는 것입니다. 마지막으로 늙은이들은 꿈을 꾸리라고 합니다. 예언을 하고 환상을 보고 꿈을 꾸는 것은 성령 받은 사람들의 특징입니다. 말세에 예수 안에 있는 사람들은 아브라함이 꿈을 꾸었던 것처럼 성령 안에서 멋진 미래의 꿈을 꿀 수가 있다는 것입니다. 늘 옛날이야기만 하는 우리의 입이 미래 이야기를 할 수 있는 것입니다. 올해를 기대하면서 가슴 벅찬 이야기를 나눌 수가 있는 것입니다. 성령이 충만하면 우리 마음속에 말할 수 없는

든든함과 용기와 소망이 올라옵니다. 그래서 예언을 하고 환상을 보고 꿈을 꾼다고 말합니다. 좌절하는 사람들도, 실의에 빠진 사람들도 성령을 받으면 콧노래를 부르게 됩니다. 이렇게 성령의 은혜를 입으면 꿈을 꾸게 됩니다. 아브라함에게 복을 주신 하나님이 우리에게도 꿈을 주시고 복을 주신다는 것입니다. 아브라함에게만 복을 주신 것이 아닙니다. 그것을 히브리서 6장 14절에서 이렇게 말씀합니다.

> 이르시되 내가 반드시 너에게 복 주고 복 주며 너를 번성하게
> 하고 번성하게 하리라 하셨더니

하나님이 아브라함에게 '내가 반드시 너에게 복 주고 복 주며'라고 하십니다. '반드시'라고 하셨습니다. '너를 번성케 하고 번성하게 하리라.' 하나님이 아브라함에게 하신 말씀이지만 우리에게도 하신 말씀이십니다. 하나님은 아브라함에게 이 약속을 하셨고 때가 되어 아브라함에게 그 복이 임했습니다. 이것은 아브라함의 이야기일 뿐 우리 이야기는 아니지 않느냐고 생각할 수 있겠지만 그렇지 않습니다. 오늘 본문 23~24절에 보면,

> 그에게 의로 여겨졌다 기록된 것은 아브라함만 위한 것이 아
> 니요 의로 여기심을 받을 우리도 위함이니 곧 예수 우리 주를

나의 소중한 자산은 가능성이다

죽은 자 가운데서 살리신 이를 믿는 자니라

그에게 의로 여겨졌다 기록된 것은 아브라함만 위한 것이 아니고 의로 여기심을 받은 우리도 위함이라고 기록합니다. 아브라함에게만 해당되는 것이 아니라는 것입니다. '우리도 위함이니 곧 예수우리 주를 죽은 자 가운데서 살리신 이를 믿는 자니라.' 예수 안에 있는 모든 사람들이 이 꿈을 꾸게 되고, 이 복이 우리에게 주시는 하나님의 은혜라는 것을 말씀하고 있는 것입니다. 갈라디아서 3장 9절에도 동일하게 말씀합니다.

그러므로 믿음으로 말미암은 자는 믿음이 있는 아브라함과 함께 복을 받느니라

우리는 혈통적으로 아브라함의 자손이 아닙니다. 그런데 예수를 믿는 믿음 안에서 우리는 영적으로 아브라함의 가족입니다. 그래서 아브라함과 함께 복을 받습니다. 바울은 그 복이 아브라함에게만 주어진 것이 아니라, 우리에게도 주어지는 약속이라고 말합니다. 우리 하나님은 다 준비되어 있습니다. 부모가 자식에게 모든 것을 주고 싶어 하는 것처럼, 전능하신 하나님도 우리에게 모든 것을 주고 싶어 하십니다. 얼마든지 은혜를 베푸시고, 얼마든지 복을 주시고, 얼마든지 모든 것을 주실 수 있는 준비가 되어 있습니다. 그런

데 문제는 무엇일까요? 우리가 준비가 되어 있지 않은 것입니다. 하나님은 다 준비되어 있지만 우리는 준비되지 않았다는 것입니다.

이것이 무슨 이야기인지 시편 20장 4절에서 확인할 수 있습니다.

> 네 마음의 소원대로 허락하시고 네 모든 계획을 이루어 주시
> 기를 원하노라

네 마음의 소원대로 허락하신다고 합니다. 하나님은 우리가 품는 소원을 허락하시겠다는 것입니다. 그런데 우리가 아무 소원 없이 살아갑니다. 계속해서 우리의 모든 계획을 이루어 주시기길 원하신다고 합니다. 하나님은 우리 마음의 소원을 구체적으로 실행하기 위해 세우는 계획을 이루어 주시기를 원하십니다. 하나님이 우리에게 복을 주실 때에 우리 마음의 소원을 따라 복을 주시고, 계획을 따라서 은혜를 베풀길 원하십니다. 하지만 소원도 없고 계획도 없고 대충대충 아무렇게나 되는 대로 그렇게 살아가니 우리에게 무엇을 줄 수 있겠습니까? 그렇다면 하나님의 자녀 된 우리들이 하나님 앞에서 할 일이 무엇일까요? 하나님은 다 준비되어 있으니, 우리가 마음에 소원과 꿈을 품고 이를 위해 구체적으로 계획을 세우는 것이 너무나 중요한 일입니다.

나의 소중한 자산은 가능성이다

소원의 항구로
인도하시는 하나님

여름철에 장맛비가 쏟아져도 비를 받을 그릇을 거꾸로 엎어 두면 물 한 방울도 받지 못합니다. 비가 없는 것이 아니고 그릇이 엎어져 있는 것입니다. 그리고 설령 그릇을 바로 둔다 할지라도 엄청난 장대비가 쏟아지면 작은 그릇은 그 크기만큼만 물이 채워집니다. 하나님의 은혜의 장맛비가 내리는데 우리가 준비되지 않은 것입니다. 시편 17장 30절을 보면,

> 그들이 평온함으로 말미암아 기뻐하는 중에 여호와께서 그들
> 이 바라는 항구로 인도하시는도다

그들이 원하고 바라는 항구로 인도하신다고 합니다. 개역한글 성경에는 '소원의 항구'라고 말합니다. '내가 너를 어디로 인도해 줄까? 내가 네게 무엇을 줄까? 내가 무엇을 해 주기를 원하느냐?'라고 물으실 때, '하나님, 저는 이것을 원해요'라고 대답하면 하나님께서 그들이 소원하는 항구, 바라는 항구로 이끌어 가십니다. 그래서 우리에게는 꿈과 계획이 필요한 것입니다.

우리가 식당에 가서 음식을 먹을 때 주문을 해야 음식이 나옵니다. "뭘 드릴까요?"라고 묻는데 "아무거나 주세요"라고 대답하면 음

식이 나오지 않습니다. 택시를 탔는데 "어디로 모실까요?"라는 질문에 "글쎄, 아무 데나 갑시다"라고 대답하는 사람은 없습니다. 이런 인생은 아무런 마음의 소원도 없고 계획도 없는 삶을 사는 것입니다. 세상에 그런 삶이 어디 있습니까? 하나님은 우리가 바라는 항구로 이끌어 가시는 분이십니다.

지난 주일 '생각은 미래의 스케치북이다'라는 메시지를 전했습니다. 이렇게 생각이 소중한 것입니다. 우리가 살아갈 미래에 대해서 우리 마음껏 스케치할 수 있습니다. 하지만 사람들이 그것을 잘 못합니다. 우리는 하나님 앞에 크고 좋은 그릇을 준비해야 합니다. 준비한다는 것이 무엇일까요? 바로 꿈을 꾸는 것입니다. 꿈이라는 그릇을 준비하는 것입니다. 그리고 계획을 세우는 것입니다. 우리가 어떻게 주님의 꿈을 꾸고, 계획을 세울 수 있을까요? 꿈에는 두 가지가 있습니다. 첫 번째, 밤에 자다가 꾸는 꿈이 있습니다. 두 번째, 낮에 눈을 뜨고 꾸는 꿈도 있습니다. 그것이 바로 계획 세우는 것입니다. 사람들이 꿈과 비전, 이상을 어렵게 설명하는데 다 똑같습니다. 영어권에서는 'dream'이라는 한 단어를 쓰는데, '비전'으로 번역되기도 하고 '꿈'으로 번역되기도 합니다.

밤에 꾸는 꿈과 낮에 꾸는 꿈의 공통점은 '내'가 꾸는 꿈입니다. '나의' 꿈입니다. 다른 사람의 꿈이 아닙니다. 하지만 이 둘의 차이점도 있습니다. 밤에 꾸는 꿈은 나의 무의식이 꿈을 꿉니다. 우리가 지난밤에도 꿈을 꾸었겠지만 곧잘 잊어버립니다. 성경은 밤에 꾸는

나의 소중한 자산은 가능성이다

꿈 속에도 하나님의 계시가 있다는 것을 보여 줍니다. 그것도 내 꿈이지만 무의식이 꾸는 꿈입니다. 하지만 낮에 눈을 뜨고 꾸는 꿈은 내 의식입니다. 내가 계획을 세우는 겁니다. 내 생각을 작동해서 꾸는 것입니다. 그래서 우리 생각이 미래의 스케치북이라는 것입니다. 이 생각으로 우리 마음에 있는 소원에 대한 구체적인 계획을 세워 보는 것입니다. 그래서 생각이라는 것이 대단한 것입니다. 하나님이 우리에게 생각하는 능력을 주셨습니다. 우리의 몸은 여기 예배당에 앉아 있습니다. 하지만 우리의 생각은 시골 고향집으로 갈 수도 있습니다. 생각은 공간의 제한을 받지 않습니다. 어디든지 갈 수 있습니다. 그리고 시간의 제한도 받지 않습니다. 우리는 지금 어른이지만 어린 시절로 돌아갈 수 있습니다. 어느 여름 옛 친구들과 멱을 감고, 가재를 잡고 물장구치던 과거로 갈 수 있습니다. 가슴이 두근대던 10대 사춘기, 낭랑 18세로도 갈 수 있습니다. 생각이 그런 것입니다. 우리의 생각은 미래로도 갈 수 있습니다. 그런데 미래로 잘 가지 않습니다. 아직 가 본 적이 없으니 미래를 상상하지 못하는 것입니다. 또 다른 이유는 우리의 상황이 꿈을 꿀 수 없게 하기도 합니다. 우리의 형편이 꿈을 꾸지 못하도록 발목을 잡습니다. '내 나이가 얼만데…. 내 가정 형편이 이런데 무슨 꿈이야?' 그렇게 발목을 잡아 버립니다. 그러니까 더 이상 우리의 생각으로 꿈을 꿀 수가 없게 된 것입니다. 오늘 본문 18절을 보면 아브라함도 꿈을 꿀 수가 없는 상황입니다. 그런데 아브라함이 바랄 수 없는 중에 바랐다고 합니다. 아브라함이 처한 상황으로는 그런 꿈을 꿀 수 없습니다. 그런데 바랄 수 없는 중에 바라고 믿었다는 것입니다. 아브라함이 믿었던 하나님이 어떤 하나님인지를 17절에서 말합니다.

> 기록된 바 내가 너를 많은 민족의 조상으로 세웠다 하심과 같으니 그가 믿은 바 하나님은 죽은 자를 살리시며 없는 것을 있는 것으로 부르시는 이시니라

아브라함이 믿은 하나님은 죽은 자를 살리시며 없는 것을 있는 것처럼 부르시는 분입니다. 이미 죽었던 사람을 살려내는 것은 하나님 외에는 아무도 할 수가 없습니다. 아무리 과학이 발달해도 안 됩니다. 이미 죽고 나면 안 됩니다. 우리가 믿는 하나님은 죽은 자를 살리신 분이십니다. 그리고 없는 것을 있는 것으로 부르시는 분입니다. 아무것도 없는데 있는 것처럼 불러내시는 분입니다. 과학이 대단한 걸 발명했다고 하지만 그것은 있는 것을 조합한 것일 뿐입니다. 이미 다 있는 것들입니다. 하나님의 창조 세계 안에 다 있던 것들입니다. 하지만 하나님은 아무것도 없는 데서 있는 것처럼 부르시는 분이십니다. 이렇게 아브라함은 죽은 자를 살리시고 없는 것을 있는 것처럼 불러내시는 하나님을 믿었다는 것입니다. 이 하나님이 우리 아버지이십니다. 우리 아빠 아버지입니다. 이 하나님을 믿기 때문에 우리 또한 바랄 수 없는 능력을 충분히 바랄 수 있

나의 소중한 자산은 가능성이다

고, 꿈꿀 수 없는 중에서도 꿈을 꿀 수 있는 줄 믿으시길 바랍니다. 우리 자신을 보면 꿈꿀 수 없지만 전능하신 하나님이 계시기 때문에 우리는 꿈꿀 수 있는 것입니다.

그런데 아브라함은 막연하게 자기 의지로 꿈을 꾼 것이 아닙니다. 확실한 근거가 있습니다. 아브라함이 고향을 떠날 때 순종해서 떠납니다. 히브리서를 보면 갈 바를 알지 못했다고 합니다. 하나님이 떠나라고 하셨지만 어디로 가야 할지 그 장소는 말씀하시지 않았습니다. 그러니까 갈 바를 알지 못하고 갔다는 것입니다. 얼마나 답답했겠습니까? 어디로 가야 할지 갈 바를 알지 못했지만, 확실한 것은 그의 가슴속에 하나님의 약속을 품고 갔다는 것입니다. 하나님의 약속은 눈에 보이지도, 손에 잡히지도 않고 가슴속에 있습니다. 하지만 그것을 믿고 가는 것입니다. 오늘 본문 20~21절에서 그 말씀을 합니다.

> 믿음이 없어 하나님의 약속을 의심하지 않고 믿음으로 견고하
> 여져서 하나님께 영광을 돌리며 약속하신 그것을 또한 능히
> 이루실 줄을 확신하였으니

아브라함은 믿음 없이 하나님의 약속을 의심하려고 하지 않았습니다. 그 결과 믿음으로 견고하여져서 하나님께 영광을 돌리며 약속하신 그것을 또한 능히 이루실 줄을 확신하였다고 합니다. 이렇

게 그는 하나님의 약속을 붙잡고 살았습니다. 하나님의 약속, 성경이 하나님의 약속입니다. 이 약속이 우리에게도 믿음의 근거가 되는 것입니다.

하나님의 어깨 위에 앉아

우리가 지금 살고 있는 이 지구촌에는 수많은 나라들이 있습니다. 그 나라들 가운데 제일의 초강대국이 있습니다. 바로 미국입니다. 왜 미국이 왜 초강대국이 되었는지 우리가 다 알 수는 없지만 힌트는 가지고 있습니다. 미국이라는 나라의 주제 문구가 있는데, 그것은 바로 'In God We Trust(우리는 하나님을 신뢰합니다)'입니다. 이 문구는 동전과 지폐를 포함한 화폐뿐 아니라 미국 정부 문서와 건물에 등장하는 문구라고 합니다.

유럽에서 가장 강력한 나라 영국도 그렇지 않습니까? 영국 2파운드짜리 동전 테두리에 작은 글씨로 이런 문구가 새겨져 있다고 합니다. 'STANDING ON THE SHOULDERS OF GIANTS(거인의 어깨에 올라서라)'라는 뜻입니다. 아직 어린아이지만 거인의 어깨 위에 올라서면 멀리 볼 수 있다는 말입니다. 우리는 연약한 인생이지만 하나님의 어깨 위에 있는 사람들입니다. 하늘 아빠의 어깨 위에 있습니다. 어린아이가 아빠의 목말을 타면 아주 좋아합니다. 아빠의 목말을 탄 아이는 세상에 부러울 것이 없습니다. 동시에 아이

나의 소중한 자산은 가능성이다

를 목말 태운 아버지도 얼마나 행복하겠습니까? 우리는 연약하지만 하나님 어깨 위에 있을 때 최고로 강한 사람이 되고, 아무것도 두려워할 필요가 없습니다.

우리가 종종 불렀던 'You Raise Me Up'이라는 찬양의 가사 중에 'I am strong when I am on your shoulders'라는 가사가 있습니다. 번역하면 '당신의 든든한 어깨 위에 있는 나는 강합니다'입니다. 언제 강하냐면 'when I am on your shoulders' 즉, 당신의 어깨 위에 있을 때 강하다는 것입니다. 하나님의 어깨 위에 있는 우리들을 한번 상상해 보십시오. 세상에 걱정할 것이 아무것도 없습니다.

사랑하는 여러분, 저는 그렇게 믿습니다. 오늘 드리는 이 주일 예배는 하나님의 어깨 위에 올라앉아 있는 어린아이가 되는 시간입니다. 하나님은 우리를 기다리고 계시고 보고 싶어 하십니다. 주일마다 우리를 기다리고 있습니다. 우리가 예배드리러 올 때 '사랑하는 내 아들, 내 딸'이라고 하시며 우리를 그분의 어깨에 안아 올리십니다. 하나님의 어깨 위에 있는 우리들이 세상에 부러울 것이 뭐가 있겠습니까? 올 한 해가 다 가도록 하나님의 어깨 위에 앉기를 바랍니다. 사랑하는 아빠 어깨 위에 앉은 어린아이의 행복을 예배를 통해서 누리시기를 바랍니다. 약속 위에 있다는 것은 하나님 어깨 위에 올라 있는 것입니다. 거인의 어깨 위에 서 있는 것입니다. 전능하신 하늘 아빠의 목말을 타고 있는 우리 인생이 얼마나 행복한지를 고린도후서 1장 20절에서 말씀하고 있습니다.

하나님의 약속, 즉 아브라함에게 했던 수많은 그 약속은 얼마든지 그리스도 안에서 'Yes'가 된다고 하십니다. 'No'가 없다는 것입니다. 하나님은 '하나님, 나 이것 하고 싶어요'라고 하면 "Yes, 그래, 해"라고 하시지 'No'가 없다는 것입니다. 다 '예'가 된다는 것입니다. '그런즉 그로 말미암아 우리가 아멘 하여 하나님께 영광을 돌리게 되느니라'고 합니다. 긍정의 하나님이라는 것입니다. 절대 'No'가 없다는 겁니다. 이 하나님이 우리 하나님인 줄 믿으시길 바랍니다. 죽은 자를 살리고 없는 것을 있는 것 같이 부르시는 그 하늘 아빠가 우리 아빠십니다. 우리는 그분의 목말을 타고 있는 것입니다. 걱정할 것이 뭐가 있겠습니까? '아멘' 하며 하나님께 영광을 돌리면 되는 것입니다.

저의 하루는 너무너무 단순합니다. 너무 단순한데 너무 좋습니다. 왜냐하면 하늘 아빠의 어깨 위에 목말을 타고 있는 아이의 심정이기 때문입니다.

> "내 맘의 주여 소망 되소서
>
> 주 없이 모든 일 헛되어라

밤에나 낮에나 주님 생각

잘 때나 깰 때 함께 하소서"(찬송가 484장)

이 찬양을 부르면서 주님과 함께 살아가는 삶의 모든 순간순간
은 얼마나 아름답겠습니까? 그렇게 살다가 세상을 떠나면 멋지지
않겠습니까? 사랑하는 여러분, 우리를 세울 수 있는 단 하나가 무엇
입니까? 바로 꿈입니다. 우리를 일으키는 단 하나의 꿈은 예수님이
지 않습니까?

그래서 예수님이 있으면 모든 것이 의미가 있고, 예수님이 없으
면 모든 것이 헛된 것입니다. 이 한 해 여러분의 꿈이 예수가 되길
바랍니다. 이 예배가 여러분의 영혼을 새롭게 하는 그런 예배가 되
기를 축복합니다. 이 은혜를 얻기 위해 하늘 아빠의 어깨에 올라앉
는 시간, 그것을 양보할 수는 없지 않습니까? 이 한 해가 다 가도록
예배에 승리하시고 날마다 거인의 어깨 위에, 하늘 아빠의 목말을
타서 멀리 바라보고, 날마다 꿈을 꾸는 삶을 살기를 예수 이름으로
축복합니다.

4장

나의 소중한 자산은
가능성이다

11 여호와의 사자가 아비에셀 사람 요아스에게 속한 오브라에 이르러 상수리나무 아래에 앉으니라 마침 요아스의 아들 기드온이 미디안 사람에게 알리지 아니하려 하여 밀을 포도주 틀에서 타작하더니 12 여호와의 사자가 기드온에게 나타나 이르되 큰 용사여 여호와께서 너와 함께 계시도다 하매 13 기드온이 그에게 대답하되 오 나의 주여 여호와께서 우리와 함께 계시면 어찌하여 이 모든 일이 우리에게 일어났나이까 또 우리 조상들이 일찍이 우리에게 이르기를 여호와께서 우리를 애굽에서 올라오게 하신 것이 아니냐 한 그 모든 이적이 어디 있나이까 이제 여호와께서 우리를 버리사 미디안의 손에 우리를 넘겨주셨나이다 하니 14 여호와께서 그를 향하여 이르시되 너는 가서 이 너의 힘으로 이스라엘을 미디안의 손에서 구원하라 내가 너를 보낸 것이 아니냐 하시니라 15 그러나 기드온이 그에게 대답하되 오 주여 내가 무엇으로 이스라엘을 구원하리이까 보소서 나의 집은 므낫세 중에 극히 약하고 나는 내 아버지 집에서 가장 작은 자니이다 하니 16 여호와께서 그에게 이르시되 내가 반드시 너와 함께 하리니 네가 미디안 사람 치기를 한 사람을 치듯 하리라 하시니라

11 내가 궁핍하므로 말하는 것이 아니니라 어떠한 형편에든지 나는 자족하기를 배웠노니 12 나는 비천에 처할 줄도 알고 풍부에 처할 줄도 알아 모든 일 곧 배부름과 배고픔과 풍부와 궁핍에도 처할 줄 아는 일체의 비결을 배웠노라 13 내게 능력 주시는 자 안에서 내가 모든 것을 할 수 있느니라

2월 한 달 동안의 설교 주제를 '블레스 모닝(Bless Morning)'이라고 정했습니다. '복된 아침, 축복의 아침'이라는 의미입니다. 모든 사람들이 만나는 일상의 평범한 아침이지만 하나님은 우리에게 기회의 아침이자 축복의 아침으로 주십니다. 저는 여러분들이 매일 아침을 축복의 아침, 기회의 아침으로 바꾸는 꿈을 꾸기 바라는 마음으로 이 주제를 정했습니다. 창세기 1장 5절을 보면,

> 하나님이 빛을 낮이라 부르시고 어둠을 밤이라 부르시니라 저녁이 되고 아침이 되니 이는 첫째 날이니라

우리는 '아침부터 저녁까지'라는 표현을 쓰는데, 하나님은 '저녁이 되고 아침이 되니'라는 표현을 쓰고 있습니다. 8절에서도 똑같이 말씀하십니다.

> 하나님이 궁창을 하늘이라 부르시니라 저녁이 되고 아침이 되니 이는 둘째 날이니라

"저녁이 되고 아침이 되니" 이 문구를 계속 반복해서 6번을 기록합니다. 성경에서 문구가 반복되면 아주 중요한 의미가 있습니다. '저녁이 되고 아침이 되니'가 무엇이 그리 중요하겠냐고 생각할 수 있지만 중요하다는 것입니다. '저녁이 되고 아침이 되니' 그 사이에

나의 소중한 자산은 가능성이다

는 밤이지 않습니까? 낮 동안 일하는 우리에게 하나님은 밤을 쉼과 회복의 시간으로 주신 것입니다. 그래서 '저녁이 되고 아침이 되니'라는 말은 하루를 시작하는 첫 시간인 아침입니다. 다른 말로 하면 다시 시작할 수 있는 기회가 주어진다는 것입니다. 하나님은 기회라는 선물 꾸러미를 아침마다 우리 인생 문 앞에 배달해 주시는 것입니다. 우리는 그것들을 소중히 풀어 보고 기회를 붙잡으면 복된 날을 만들지만 기회를 붙잡지 않으면 그냥 지나가 버립니다. 아침마다 주어지는 이 기회의 선물 꾸러미를 평범한 아침으로 치부하지 말고 축복의 아침으로 만들어 낸다면 얼마나 멋진 인생이 되겠습니까?

눈 덮인 들판을 지나가는
교회의 종소리

오늘 나눌 말씀 제목은 '나의 소중한 자산은 ( )이다'입니다. 우리는 자산을 좋아합니다. 이 괄호 속에는 무엇이든지 넣을 수 있습니다. 사람들은 현금이나 부동산을 자산이라고 생각하는데 그것보다도 더 근본적인 자산이 있습니다. 제가 질문해 보겠습니다. 한번 맞춰보십시오.

'나는 누구일까요? 나는 사람들의 가슴속에 불꽃이 되고 빛이 되는 사명으로 이 세상에 살고 있습니다. 당신이 있는 어느 곳이든 거기에는 내가 있습니다. 그런데 아직도 나의 존재를 모르고 있는 분

들이 너무나 많은 것 같습니다. 나는 누구일까요?'

바로 '희망'입니다. 희망은 사람을 불꽃 튀게 만드는 힘이 있습니다. 우리가 있는 어느 곳에든지 희망이 있습니다. 하지만 이 희망은 손에 잡히지 않습니다. 모양도 없습니다. 이것을 무엇이라고 명명해야 할까요? 제가 어느 책을 보니 희망에 대해서 아주 멋진 문구가 있었습니다.

'희망은 하얀 눈이 덮인 들판 위를 지나가는 교회의 종소리다.'

눈 덮인 들판을 지나가는 교회의 종소리, 이것이 희망입니다. 이 문구는 우리 마음에 상상을 불러일으킵니다. 눈이 덮여 있다는 것은 들판이 아직도 꽁꽁 얼어 있다는 것입니다. 그러나 그 밑에는 생명이 새싹을 틔울 준비를 하고 있습니다. 그 위로 교회의 종소리가 지나갑니다. 언젠가 때가 되면 그 푸른 생명이 땅 위로 올라올 것입니다. 이것이 희망입니다. 그래서 희망을 다른 말로 하면 가능성입니다. 무한한 가능성이 얼어붙은 땅속에 있다는 것입니다. 따라서 괄호 속을 채우면 '나의 소중한 자산은 가능성이다'입니다. 이것이 오늘 말씀의 핵심입니다.

유명한 사람이 사망하면 뉴스나 신문에 나옵니다. '국민 배우 아무개가 사망했습니다', 또 국가 발전에 이바지한 정치인이 돌아가시면 '아무개 정치인, 국회의원이 돌아가셨습니다' 혹은 '가난하고 외로운 사람들을 변호했던 아무개 변호사가 돌아가셨습니다'라는 기사들을 종종 접합니다. 하지만 병원 신생아실에서 아기가 태어날 때는 '국회의원이 태어났습니다, 배우가 태어났습니다, 변호사가 태어났습니다'라고 말하지 않습니다. 두 가지 중 한 가지를 말합니다. '딸이 태어났습니다' 아니면 '아들이 태어났습니다'입니다. 그냥 발가벗은 아기로 오는 것입니다. 하지만 그 아기는 무엇이든지 될 수 있는 가능성을 가지고 이 세상에 태어났습니다. 하나님은 사람들을 이 땅에 보내실 때, 각자에게 무한한 가능성, 보물 같은 가능성을 심어 놓으셨다는 것을 믿으시기 바랍니다. 하나님은 우리에게 가능성을 주셨습니다. 우리는 가능성을 가지고 있는 것입니다. 예수님께서는 마가복음 9장 23절에서 이렇게 말씀하십니다.

> 할 수 있거든이 무슨 말이냐 믿는 자에게는 능히 하지 못할 일
> 이 없느니라 하시니

능히 하지 못할 일이 없다는 것은 무한한 가능성입니다. 우리 속에 감추어진 무한한 가능성입니다. 그래서 우리의 소중한 자본이 있다면 그것은 '가능성'입니다. 그럼에도 불구하고 사람들은 '내가 뭘 할 수 있을까? 어머니 같은 인생을 살 수 있을까? 아버지 같은 그런 삶을 살 수 있을까?'라고 말하며 자신 없어 합니다. 하지만 기억

하십시오. 하나님은 여러분에게 무엇이든지 될 수 있는 '가능성'이라는 보물을 주셨습니다.

큰 용사여, 여호와께서
너와 함께 계시도다

오늘 본문 말씀에서 그 이야기를 하고 있습니다. 사사기 6장입니다. 사사 시대 때, 가장 어려운 시기를 기록하고 있습니다. 이스라엘 온 백성이 미디안에게 약탈을 당합니다. 열심히 땀 흘려 농사를 지으면, 탈곡할 때 와서 다 약탈해 가 버리는 것입니다. 그 시대에 사람들에게 재산은 양식인데, 양식을 다 뺏겨 버리는 것입니다. 그러니 온 백성이 굶주림에 시달립니다. 오늘 본문에 사사 기드온의 이야기가 나옵니다. 기드온도 타작마당에서 타작하면 미디안 사람이 다 탈취해 가니 포도주 틀에 숨어서 몰래 타작을 하고 있습니다. 조마조마하면서 두려운 마음으로 포도주 틀에서 탈곡하고 있는 기드온에게 하나님이 찾아오십니다. 본문 12절에서 하나님이 이렇게 말씀합니다.

여호와의 사자가 기드온에게 나타나 이르되 큰 용사여 여호와
께서 너와 함께 계시도다 하매

나의 소중한 자산은 가능성이다

하나님이 찾아오셔서 '큰 용사여'라고 부릅니다. 어디를 봐서 큰 용사입니까? 그는 겁쟁이처럼 숨어서 타작하고 있습니다. 그런 기드온을 하나님은 '큰 용사여'라고 부르시는 것입니다. 이것은 '내가 너와 함께 있겠다'라는 말입니다. 하나님은 기드온의 마음속에 있는 가능성을 보고 말씀하시는 것입니다. 지금은 가능성이 없지만 그 속에는 큰 용사가 될 수 있는 가능성이 있다는 것입니다. 하나님은 그것을 보시고 '큰 용사여'라고 부르시는 것입니다. 14절에도 똑같은 말씀을 하십니다.

> 여호와께서 그를 향하여 이르시되 너는 가서 이 너의 힘으로 이스라엘을 미디안의 손에서 구원하라 내가 너를 보낸 것이 아니냐 하시니라

하나님은 기드온에게 '너는 충분히 그런 일을 할 수 있어. 지금은 숨어서 바들바들 떨고 있지만 네 손으로 이 백성을 구원할 수 있어. 너는 큰 용사야'라고 말합니다. 이 말을 들은 기드온의 대답이 15절입니다.

> 그러나 기드온이 그에게 대답하되 오 주여 내가 무엇으로 이스라엘을 구원하리이까 보소서 나의 집은 므낫세 중에 극히 약하고 나는 내 아버지 집에서 가장 작은 자니이다 하니

15절을 보면 꼭 우리의 변명과 같습니다. 꼭 우리 이야기 같지 않습니까? '나는 못 해요.' 하나님이 무엇을 하라고 하면 우리의 대답이기도 합니다. 기드온이 그랬습니다. '나는 못 해요. 나는 내 아버지 집에서 가장 작은 자입니다.' 자신의 현실을 보면 정말 그렇습니다. 틀린 말이 아닙니다. 하지만 하나님은 현실을 보시는 것이 아니라, 그 속에 있는 가능성을 보시고 큰 용사라고 부르고 계십니다. 하나님은 계속 기드온에게 말씀하십니다. 16절입니다.

> 여호와께서 그에게 이르시되 내가 반드시 너와 함께하리니 네가 미디안 사람 치기를 한 사람을 치듯 하리라 하시니라

여기에서 '반드시'라고 약속을 하십니다. "반드시 내가 너와 함께할 텐데, 너는 반드시 그 사람들을 이길 수 있어, 그 많은 미디안이 덤벼들어도 한 사람 치듯이 능히 네가 할 수 있다"라고 하나님이 말씀하시는 것입니다. 하나님이 "너는 할 수 있어"라고 말씀하시는데, 기드온은 "난 못해요"라고 대답합니다. 하지만 사사기 7~8장을 읽어 보면 하나님 말씀대로 기드온이 큰 용사가 됩니다. 그리고 자기 백성을 그 미디안의 손에서 구원해 냅니다. 그리고 40년 동안 이스라엘을 태평성대로 만들어 갑니다. 하나님의 손이 함께하면 그렇게 되는 것입니다. 우리 다시 한 번 12절을 보겠습니다.

나의 소중한 자산은 가능성이다

여호와의 사자가 기드온에게 나타나 이르되 큰 용사여 여호와
께서 너와 함께 계시도다 하매

기드온을 향해 "큰 용사여"라고 부르십니다. 그는 여전히 큰 용사라는 것입니다. 지금은 비록 숨어 있고 초라해 보이지만 그 속에 가능성이 있어 큰 용사라고 합니다. 큰 용사인 이유가 뒤에 나옵니다. '여호와께서 너와 함께 계시도다.' 기드온이 박사학위가 있어서 큰 용사가 아니고, 근육질의 남자라서 큰 용사가 아닙니다. 그 이유는 딱 한 가지, 여호와께서 함께 계시기 때문입니다. 기드온과 함께했던 하나님이 우리 하나님이십니다. 그 하나님이 우리와 함께한다면 우리도 큰 용사가 될 수 있습니다. 현실은 너무 막막하지만 하나님이 함께하시면 우리도 큰 용사가 됩니다. 이렇게 우리는 무엇이든지 할 수 있는 사람이고, 무엇이든지 될 수 있는 사람입니다. 큰 용사의 씨앗을 우리 속에 가지고 있습니다. 그래서 우리 안에 있는 이 가능성을 깨워야 합니다. 가능성을 가지고 있는 채로, 혹은 가능성이 있는지도 모르고 살다가 죽어서 땅에 묻혀 버리면 너무 아깝지 않습니까? 그래서 우리 안에 잠들어 있는 이 가능성을 깨우라는 것입니다. 그렇다면 어떻게 깨울 수 있을까요?

가능성을 깨우라

로버트 제프리스 목사님이 저술한 『현실적인 솔로몬의 솔직한 성공 법칙』에는 핀란드의 어느 무신론자 이야기가 나옵니다. 핀란드에 큰 농장을 경영하지만 하나님을 모르는 무신론자가 한 명 있었는데, 그는 큰 부자였습니다. 이 사람이 죽기 전에 유언장을 작성해 두었습니다. 그 내용인즉, '내가 죽으면 모든 농장 재산을 사탄에게 유산으로 남깁니다'였습니다. 이 유언장을 써놓고 세월이 흘러 죽었습니다. 법원이 이 유언장대로 집행을 해야 하는데, 사탄에게 어떻게 기증할 것인가를 논의했지만 등기도 할 수도 없으니 난감한 일이었습니다. 사람들이 생각을 모으고 아이디어를 모아서 법원에서 이렇게 판결을 내렸다고 합니다. '사탄에게 유산을 상속하는 방법은 아무 일도 하지 않는 것이다.' 농장을 가만히 버려두는 것이 사탄에게 유산하는 것이라고 판결을 내린 것입니다. 그러면 어떻게 될까요? 농장을 가만히 내버려 두면 잡초가 무성해지고 가시덤불로 농장이 덮여 버릴 것입니다. 결국 농장을 못 쓰게 될 것입니다. 그곳에 있는 창고와 집도 서서히 허물어지고 땅도 서서히 침식되어서 못 쓰게 될 것입니다. 기름진 농장을 버려두면 가시덤불로 덮여서 쓰지 못하게 됩니다.

사람도 꼭 이와 같습니다. 소중한 인생에 관심을 쓰지 않고, 세상 재미 따라 살면서 맛있는 거 먹고 친구 따라 살다 보면 잡초가 우거

나의 소중한 자산은 가능성이다

진 들판처럼 됩니다. 자기도 모르는 사이에 쓸모없는 인생이 되어 가는 것입니다. 그러므로 우리는 자신에게 관심을 가져야 합니다. 소중한 내 인생 안에 무한한 가능성이 있는데, 이 가능성을 어떻게든 꺼내야 하는데, 있는지도 모르고 관심을 가지지 않으면 서서히 못 쓰게 된다는 것입니다. 그렇다면 어떻게 우리 안에 있는 가능성을 꺼낼 수 있을까요? 빌립보서 4장 12절을 보겠습니다.

> 나는 비천에 처할 줄도 알고 풍부에 처할 줄도 알아 모든 일 곧 배부름과 배고픔과 풍부와 궁핍에도 처할 줄 아는 일체의 비결을 배웠노라

이것은 사도바울의 고백입니다. 그의 고백이 무엇입니까? '나는 부자여도 교만하지 않고, 가난해도 비굴하지 않겠습니다. 배불러도 배고파도 나는 다 그것에 처신할 수 있는 일체의 비결을 배웠습니다'라고 말합니다. 어떤 상황이 와도 넉넉하게 그 상황 속에 살아갈 수 있다고 이야기하는 것입니다. 이것을 잘못 이해하면 운명론자의 말 같습니다. 하지만 그렇지 않습니다. 바울이 지금 고백하는 것은 하나님이 자신의 목자로서 만족을 주시기 때문에 그분 안에 살아가는 것이지, 부하거나 가난한 것으로 인해 일희일비하지 않는다는 것입니다. 그것이 '일체의 비결을 배웠다'고 고백하는 것입니다. 이것은 정보를 알았다는 것이 아닙니다. 하나님 말씀을 기억하고 생

각해 낸다는 것은 아무 능력이 없습니다. '일체의 비결을 배웠다'는 말에서 '배웠다'는 것은 '학습했다'는 것입니다. 학습은 한 번 본다고 되지 않습니다. 몸에 체득하려면 훈련해야 합니다. 반복, 반복, 반복 해서 결국 마침내 일체의 비결을 몸에 가지게 되었다는 것입니다. 바울은 지금 그 고백을 하는 것입니다. 우리 속에 있는 가능성을 깨우는 길은 일체의 비결을 배우는 것입니다. 그리고 그것을 훈련하는 것입니다. 연습하는 것입니다.

우리 입의 말이
기도가 된다

아주대학교 이민규 교수는 『실행이 답이다: 행동과 실천의 심리학』이라는 책을 썼습니다. 그는 이 책에서 '자기규정 효과'를 소개합니다. 자기 자신을 규정하는 대로 그렇게 된다는 이론입니다. 정말 그렇습니다. '나는 이런 사람이다. 나는 무엇이다'라고 규정하면 우리도 모르게 그렇게 행동하게 되고 그런 사람으로 변한다는 것입니다. 그것이 옳든 그르든 상관이 없습니다. 자신이 규정한 대로 일치하는 행동을 하게 되면, 정말 그렇게 된다는 것입니다. 자신에 대한 생각, 자신의 입이 규정한 그것이 우리 태도와 행동을 바꿔 버린다는 것입니다. 이것이 얼마나 중요한 이야기입니까? 우리가 무심코 내뱉는 말들, 자신도 모르게 내뱉는 말이 자신의 인생이 된다는 것입니다. 그래서 우리가 자신을 규정할 때 소중한 자신으로 규정할 필요가 있습니다. 사도 바울은 '나는 모든 것을 할 수 있다'라고 규정했습니다. 우리가 모든 것을 할 수 있는 사람인 줄 믿으시길 바랍니다.

'나는 참 소중해'라는 말을 가슴으로 고백하면, 진짜 자신이 '나는 참 소중하구나'라는 생각이 가슴속에 끓어오릅니다. '나는 행복해'라고 고백하면 자신도 모르게 속에서 행복의 감정들이 올라옵니다. 우리 입으로 규정한 대로 우리가 느끼고 행동하는 삶을 살게 되는 것입니다. 빌립보서 4장 13절에서 이것을 이야기하고 있습니다.

내게 능력 주시는 자 안에서 내가 모든 것을 할 수 있느니라

사도 바울은 이렇게 성경에 기록하고 늘 이것을 입으로 말했습니다. '내게 능력 주시는 자 안에서 나는 모든 것을 다 할 수 있어. 가난해도 부해도 서러워하거나 교만하지 않고, 어떤 일에 처하더라도 일체의 비결을 배웠다. 하나님이 내게 능력을 주셔서 나는 모든 것을 할 수 있다'라고 자신의 인생을 규정한 것입니다. 나는 이런 사람이라고 말입니다. 기드온은 미디안을 칠 수 있는 능력을 가진 사람이고, 사도 바울은 배고파도 배불러도 좌절하거나 교만하지 않고, 세상의 어떤 상황에도 처할 수 있는 능력을 가진 사람이라는 것입니다. 우리는 무엇이든지 할 수 있는 사람인 줄 믿으시길 바랍니다. '내게 능력 주시는 자 안에서 내가 모든 것을 할 수 있느니라.' 그래

서 이것을 배워야 합니다. 연습과 훈련을 통해 우리 몸에 체득되도록 스스로 하나님 말씀을 되뇌어야 합니다. 그러면 우리는 그런 사람이 되는 것입니다. 『하루에 한 줄 긍정 메시지』가 그런 책입니다. 이 책에 아프리카 사람들 이야기가 나옵니다. 그 사람들은 입버릇처럼 중얼중얼 내뱉는 말이 있습니다. 그것은 바로 '폴레 폴레 하쿠나 마타타'입니다. '폴레 폴레'는 '천천히 천천히'라는 뜻입니다. 우리나라 사람들은 '빨리 빨리'인데, 아프리카 사람들은 '천천히 천천히'입니다. '하쿠나 마타타'는 '괜찮아, 다 잘될 거야'라는 의미입니다.

지난 금요일에 '우리 입의 말이 씨가 되고, 우리 입의 말이 기도가 된다'는 메시지를 전했습니다. 말이 그렇게 중요합니다. 말이 씨가 된다는 것은 다 알고 있는데, 말이 기도가 되기도 합니다. 우리가 말을 하면 입으로 선언한 것입니다. 따라서 말로 선언하면, 그것이 결국 우리 인생이 되는 것입니다. 우리 속에 있는 가능성이 우리가 말할 때마다 깨어나는 것입니다. 그래서 '나는 내게 능력 주시는 자 안에서 모든 것을 할 수 있다'라고 말하면 우리 속의 가능성이 깨어나는 것입니다. 그래서 우리는 말로 가능성을 깨워야 합니다. 모든 사람에게 아침은 똑같이 오지만, 그 아침이 모든 사람에게 새로운 기회가 되는 것은 아닙니다. 어떤 이에겐 그저 그런 평범한 아침입니다. 하지만 가능성을 깨우는 이에겐 새로운 기회가 주어지는 축복의 아침이 될 것입니다.

기적의 아침

2~3년 전 우리나라 2030 세대가 열광했던 책이 하나 있습니다. SNS에서 해시태그를 달고 나왔던 그 책은 『미라클 모닝』입니다. 번역하면 '기적의 아침'이라는 뜻입니다. 우리는 아침에 관한 이야기를 많이 듣지 않았습니까? 하지만 그 책에 그렇게 열광하는 이유가 있습니다. 이 책의 저자 할 엘로드(Hal Elrod)는 자신의 이론이 아니라 자기가 경험한 자기의 삶을 저술했습니다. 그러니까 사람들에게 어필이 되는 것입니다. 그는 자신의 인생에서 가장 빛나던 20살에 큰 사고를 당합니다. 술을 먹고 운전하는 대형 덤프트럭이 와서 이 사람을 박아 버린 것입니다. 그 후 6시간 동안 의식불명이었다고 합니다. 응급실에서 깨어났는데 몸 열한 곳에 골절상을 입었고 영구적인 뇌 손상을 입어서 의사들은 다시는 걸을 수 없다는 진단을 내렸습니다. 하지만 저자는 의사의 그 진단을 거부했다고 합니다. 그리고 매일 주어지는 그 아침을 기적의 아침으로 만들어 낸 이야기를 모아 『미라클 모닝』이라는 책에 담았습니다. 그는 사람들에게 영업의 달인, 울트라 마라토너, 베스트셀러 작가, 힙합 아티스트, 세계적인 동기부여 전문가라는 별명을 얻었으며, 미국과 캐나다에서 그의 강의를 직접 들은 사람이 10만 명도 넘는다고 합니다. 그렇게 많은 사람에게 영향력을 끼쳤고, 수십 개의 TV 및 라디오 프로그램에 출연해서 이 기적의 아침에 대해 이야기를 하고 있다는 것입니다.

아침을 기회로 만든 사람의 이야기입니다. 우리에게도 날마다 아침이 찾아옵니다. 세상 모든 사람에게 아침이 밝아옵니다. 아침을 기회로 만드는 사람들은 다른 인생을 삽니다. '사람이 새벽을 정복하면 인생을 정복할 수 있고, 새벽을 정복한 사람이 세상을 정복할 수 있다'는 말이 있습니다. 새벽을 무시하면 세상에서 무시당하고, 새벽을 깨우면 인생을 깨울 수 있습니다.

수도를 틀면 물이 나오지 않습니까? 하지만 제가 어릴 적만 해도 시골 마을에는 수도가 없었습니다. 동네에 여럿이 함께 쓰는 우물이 하나 있을 뿐이었습니다. 그 우물가에 아침이 되면 아낙네들이 물동이를 들고, 물지게를 지고 물을 길러 옵니다. 그 물로 아침밥을 해서 가족들이 먹었습니다. 아마 우리나라 모든 동네에 다 우물이 있었을 것입니다.

그러다 보니 이런 말이 전해 내려옵니다. '가장 일찍이, 가장 먼저 우물의 물을 길러 먹는 사람들은 질병이 물러가고 그 가정에는 행복이 깃든다.' 그래서 가장 먼저 첫 번째 긷는 물을 '봉한 우물'이라고 합니다. '봉한 우물'이 그렇게 신비롭다는 것입니다. 아침을 깨우기 위한 이야기일 것입니다. 그런데 이 봉한 우물을 성경에서도 말하고 있습니다. 아가서 4장 12절을 보면 솔로몬이 술람미 여인에게 하는 이야기입니다. 다른 말로 하면 예수님이 믿음의 신부 된 우리들을 향해 하시는 말씀입니다.

내 누이, 내 신부는 잠근 동산이요 덮은 우물이요 봉한 샘이로
구나

예수 믿는 하나님의 자녀들, 그리스도의 신부 된 우리들이 봉한 샘이라는 것입니다. 이 가능성의 샘물이 터져 나올 때 우리 인생은 푸르고 푸른 인생이 된다는 것입니다. 그렇다면 이 봉한 샘이 언제 터져 나올까요? 그것은 바로 은혜 받을 때입니다. 우리가 은혜 받으면 우리 속의 가능성의 봉한 샘물이 올라옵니다. 하나님의 은혜가 우리 속에 임하면 세상을 다 가진 것 같은 자신감이 붙습니다. 우리 속에 있는 이 봉한 샘이 발현되는 시간은 언제나 은혜 받는 시간입니다. 성경은 지금 그 이야기를 하고 있습니다. 그렇다면 어떻게 은혜를 받습니까? 금식기도를 하거나, 산에 가서 소나무 뿌리를 뽑을 정도로 열정적으로 기도를 해야만 은혜를 받는 것이 아닙니다. 가끔 그것도 필요하겠지만 우리의 일상 속에서 하나님의 큰 은혜를 경험할 수 있는 길이 있습니다. 그것은 아주 간단하고 아주 단순합니다. 우리 교회가 날마다 하는 것입니다. 무엇일까요? 바로 말씀을 묵상하고 기도하는 것입니다. 새벽에 일어나서 하나님 말씀을 펴고 말씀을 묵상하고 기도할 때 우리 속에 봉한 샘물이 터져 나오는 것입니다. 시편 119장 147~148절에서 그 이야기를 하고 있습니다.

내가 날이 밝기 전에 부르짖으며 주의 말씀을 바랐사오며 주

아무도 일어나지 않는 그 새벽에 눈을 뜨는 것입니다. 날이 밝기 전에 주님 앞에 부르짖고 주의 말씀을 조용히 읊조리고 묵상하는 것입니다. 입으로 소근소근 속삭이는 것입니다. 이것을 하려고 새벽에 눈을 뜨는 것입니다. 이 시간을 통해 평범한 새벽이 축복으로 바뀌는 것입니다. 하나님의 은혜가 임하는 시간인 것입니다.

2012년에 우리나라 대통령을 뽑는 대선 캠프에서 멋진 슬로건을 내걸었습니다. 바로 '저녁이 있는 삶'입니다. 많이 들어보셨죠? 멋지지 않습니까? 많은 직장인이 야근으로 저녁을 가족들과 보낼 수 없다고 하니, 대선 후보가 '저녁 있는 삶을 만들겠다'는 공약을 내건 것입니다. 그런데 요즘 사람들은 가족과 함께하는 저녁이 아니라, 유흥과 함께하는 밤으로 즐길 뿐입니다. 문제는 밤 문화가 발달할수록 범죄가 늘어난다는 것입니다. 성경에도 주로 죄가 활개 치는 시간 배경을 밤이라고 기록하고 있습니다. 그래서 가룟 유다가 예수를 팔 마음을 먹고 나갈 때에 '밤이었더라'라고 합니다. 세상 사람들은 저녁이 있는 삶과 밤이 있는 시간을 말하지만, 예수 믿는 성도에게는 아침이 있는 삶이 필요합니다. 그런데 아침을 잃어버린 사람들이 너무 많습니다. 밤늦게까지 자지 않으니 아침을 잃어버리는 것입니다. 아침이 없는 삶은 인생의 반이 사라진 것과 같습니다.

저는 하루 일 대부분을 아침에 처리합니다. 새벽 기도를 마치고

집에 가서 옷을 갈아입은 후 간단하게 아침을 먹습니다. 그리고 교회로 옵니다. 오전 7시부터 10시까지 3시간이 하루 중 가장 창의적인 생각이 촉발되고 은혜가 몰려오는 시간입니다. 이때 머리가 가장 맑아서 대부분의 일을 그 시간에 처리합니다. 반면에 오후가 되면 머리가 잘 돌아가지 않습니다. 전문가들도 그렇게 이야기하지만 제가 경험해 보면 정말 그렇습니다. 오전 1시간, 특별히 아침 1시간은 질적으로 오후 3~4시간과 맞먹는 것 같습니다. 그래서 창의적인 일을 하는 사람은 아침을 깨워야 합니다. 오늘 본문 빌립보서 4장 13절을 다시 한 번 보면,

내게 능력 주신 자 안에서 내가 모든 것을 할 수 있느니라

우리는 모든 것을 할 수 있습니다. 누구 안에서 모든 것을 할 수 있습니까? '내게 능력 주시는 자' 안에서입니다. 우리 구주 예수 그리스도 그분 안에서 우리는 무엇이든지 할 수 있다는 것입니다. 예수님 때문에 모든 것을 할 수 있는 줄 믿으시길 바랍니다. 아침을 깨우십시오. 우리는 모든 것을 할 수 있습니다.

5장

좋은 목표가
좋은 인생을 만든다

히 11:5-6

5 믿음으로 에녹은 죽음을 보지 않고 옮겨졌으니 하나님이 그를 옮기심으로 다시 보이지 아니하였느니라 그는 옮겨지기 전에 하나님을 기쁘시게 하는 자라 하는 증거를 받았느니라 6 믿음이 없이는 하나님을 기쁘시게 하지 못하나니 하나님께 나아가는 자는 반드시 그가 계신 것과 또한 그가 자기를 찾는 자들에게 상 주시는 이심을 믿어야 할지니라

지금 당신이 어디로 가고 있는지를 모른다면, 훗날 당신은 당신이 모르는 어딘가에 도착해 있을 것입니다. 우리가 생각 없이 살면 원치 않는 어딘가에 도착해 있을 것입니다. 그래서 후회하게 될 것입니다. 아무런 생각 없이, 아무런 계획 없이 살아간다면, 우리도 모르는 어딘가에 도착하게 될 것이고, 그것 때문에 후회하게 될 것이라는 말

씀입니다. 빌립보서 3장 14절에서 이렇게 말하고 있습니다.

> 푯대를 향하여 그리스도 예수 안에서 하나님이 위에서 부르신
> 부름의 상을 위하여 달려가노라

'푯대를 향하여'라는 표현에서 '푯대'의 헬라 원어가 '타겟(target)', '목표(goal)'라는 의미가 있습니다. 그러니까 '푯대'는 확실한 목표 지점을 이야기합니다. '푯대를 향하여 그리스도 예수 안에서 하나님이 위에서 부르신 부름의 상을 위하여 달려가노라'라고 고백하는 것은 인생을 생각 없이 사는 것이 아니라 목표를 정해 놓고 그 목표를 향해서 달려간다는 뜻입니다. 그래서 좋은 목표가 좋은 인생을 만드는 것입니다. 생각하면 생각할수록 확실히 그런 것 같습니다. 사람은 목표 지향적인 존재입니다. 목표를 정해야 그쪽으로 우리 마음과 생각이 가고 우리 삶이 그 방향으로 나아갑니다. 그래서 목표, 즉 타겟(target)이나 골(goal)이 너무 중요합니다. 그것도 좋은 목표를 가지는 것이 중요합니다. 하지만 목표라고 다 좋은 목표가 아닙니다. 나쁜 목표도 있습니다. 만약에 자신도 모르게 나쁜 목표를 정했다면 그 방향을 향해서 살게 될 것이고 결국 나쁜 인생이 됩니다. 그래서 좋은 목표가 좋은 인생을 만든다는 것을 기억해야 합니다.

나의 소중한 자산은 가능성이다

이 땅을 살아가는
성도의 자세

이 땅에 사는 모든 사람들은 반드시 죽습니다. 이것이 우리가 알고 있는 내용이고 성경이 말하는 원칙입니다. 사람이 한 번 죽는 것은 정해져 있습니다. 그런데 성경에 보니 이 원칙을 깨는 예외가 있습니다. 성경에는 죽음을 보지 않고 그대로 산 채로 하늘로 올라간 두 사람이 있습니다. 한 사람은 '엘리야', 또 한 사람은 오늘 본문에 나오는 '에녹'입니다. 오늘 본문 5절을 보면,

> 믿음으로 에녹은 죽음을 보지 않고 옮겨졌으니 하나님이 그를
> 옮기심으로 다시 보이지 아니하였느니라 그는 옮겨지기 전에
> 하나님을 기쁘시게 하는 자라 하는 증거를 받았느니라

믿음으로 에녹은 죽음을 보지 않고 이 땅에서 하늘나라로 옮겨졌습니다. 하나님이 그를 옮기심으로 다시 보이지 않았다고 합니다. 하나님과 함께 이 땅에 살다가 때가 되니 그대로 죽음 없이 하늘로 옮겨 간 것입니다. 엘리야가 불 병거를 타고 하늘로 올라간 것처럼 예수님도 구름을 타고 하늘로 올라가시지 않았습니까? 예수님은 십자가에 달려서 죽으셨고 3일 만에 부활하셨습니다. 하나님은 오늘 본문에 나오는 에녹 이야기를 통해 우리에게 무슨 말씀을 하

시고 싶어 하실까요? 반드시 하나님은 에녹을 통해서 하실 말씀이 있기 때문에 성경에 기록한 것이 아니겠습니까? 그것은 우선 우리 삶의 영원한 목표가 이 땅이 아니고, 에녹이 올라갔던 그 나라, 하늘 나라라는 것입니다. 우리의 영원한 목표는 저 하늘에 있다는 것을 성경은 말하고 있습니다. 장차 우리는 에녹이 갔던 그 나라, 우리 주님이 올라가셨던 그 영원한 천국으로 가게 될 것입니다. 하지만 아직은 우리가 이 땅에 살고 있습니다. 육신의 몸을 입고 이 땅에 살고 있습니다. 이 땅에서 대충대충 살아서는 안 됩니다. 그것은 하나님의 뜻이 아닙니다. 우리는 아름다운 주의 나라에 갈 존재들이기 때문에 이 땅에서도 선샤인, 빛나는 햇살처럼 멋진 인생을 살다가 주님 앞에 서야 합니다. 그것이 우리 성도들의 삶의 모습입니다.

성공보다 성장

그렇다면 어떻게 살아야 할까요? 우리 모두는 나름대로 자기 방면에서 성공하기를 원할 것입니다. 제가 여러분에게 성공하기를 원하냐고 물어보면 속으로 다 '아멘' 할 것입니다. 그런데 성공보다 우선적으로 추구해야 될 것이 있습니다. 그것은 바로 성장입니다. 성공보다 성장을 추구하시기 바랍니다. 사람이 성장한 만큼 성공할 수 있습니다. 성장하지 않고 성공하는 것은 반쪽짜리입니다. 그것은 아주 위험한 성공입니다.

우리나라에 수많은 학자들 중에 '기록학자'라는 별명이 붙은 사람이 있습니다. 바로 명지대학교 김익한 교수입니다. 그는 자신의 저서 『거인의 노트』에서, 모든 사람이 성장하기 위해서는 기록하는 것이 중요하다고 합니다. 그가 굉장히 강조하는 부분입니다.

『거인의 노트』에 이런 내용이 있습니다. 오래전에 가깝게 지내던 친구가 있었는데, 10년의 세월이 지난 다음 오랜만에 만나 너무 반가워서 친구를 보고 "너 하나도 안 변했네. 그대로네"라고 말했다고 합니다. 이런 말을 들을 때 기분이 어떨까요? 아마도 기분이 좋을 것입니다. 그런데 '그대로'라는 말이 외모가 안 늙었다는 뜻이라면 기쁘고 즐거운 이야기지만, 반대일 수도 있다는 것입니다. "너 옛날이나 지금이나 똑같아"라는 말이 무슨 의미입니까? '그때도 성질이 깐깐하고 안 좋았는데 10년이 지난 지금도 그대로네.' 이런 의미라면 기분이 많이 안 좋을 것입니다. 10년이라는 세월이 흘렀으면 그만큼 성장을 해야지 나이만 먹고 그대로라면 말이 안 되는 소리이지 않습니까? '너는 변한 게 하나도 없네. 성장한 것 없이 나이만 먹었구나'라는 말입니다. '변한 거 하나 없네'라는 말이 외모에 관련된 말이라면 기분 좋은 이야기지만, 내면에 관한 말이라면 부끄러운 말입니다. 세월이 가면 사람은 그만큼 성장해야 합니다. 성장이 매우 중요합니다. 성경에서는 하나님은 우리가 성장하기를 원하신다고 합니다. 고린도전서 13장 11절은 사랑 장 마지막 부분입니다.

어린아이 때는 유치합니다. 말하는 것이나 생각하는 것이 유치
한 수준이지만, 장성한 사람이 되면 어린아이의 일을 버리게 됩니
다. 여기에서 핵심은 장성한 사람입니다. 청년이 되고 어른이 되었
으면 어른다운 말을 하고 어른다운 생각을 해야 합니다. 그만큼 성
장했다는 이야기입니다. 하나님은 우리가 모든 면에서 성장하기를
원하십니다. 그래서 성공보다 성장을 추구해야 합니다. 그런데 가
만히 있으면 저절로 성장할까요? 아닙니다. 가만히 두면 오히려 더
나빠집니다. 우리가 사는 세상의 법칙이 그렇습니다. 아름다운 정
원을 돌보지 않고 버려두면 금방 못 쓰는 정원이 됩니다. 돌보지 않
으면 잡초가 무성해져 버립니다. 매일 마시는 우유도 가만히 두면
2~3일 만에 냄새나고 못 먹는 우유로 변질돼 버립니다. 하지만 그
우유에 몇 가지의 프로세스를 가하여 끓이고 침전시켜 걸러내면 맛
있는 치즈가 됩니다. 아주 향기로운 냄새가 나고 오래 두어도 괜찮
은 좋은 치즈가 됩니다. 가만히 두면 좋아지는 것은 아무것도 없습
니다. 사람도 그렇습니다. 사람을 가만히 두면 좋아지지 않습니다.
나이만 먹게 됩니다. 그것도 까탈스러운 노인이 됩니다. 나이가 드
는 것은 어쩔 수 없지만, 애쓰고 노력하면 큰 나무, 거목 같은 어른

이 되는 것입니다. 젊은이들은 다 품어줄 수 있는 어른의 그늘 밑에 가서 쉬고 싶어 하고 그런 어른을 존경하게 되는 것입니다. 그래서 성장하는 것이 너무나 중요합니다.

그리스도의 장성한 분량까지
성장하자

믿음의 세계도 이와 마찬가지입니다. 우리는 예수 믿고 구원받은 하나님의 자녀가 되었습니다. 하지만 구원의 믿음에 머물러 있는 사람이 많습니다. 그것이 다인 줄 알고 있지만 그게 다가 아닙니다. 구원의 확신을 갖는 것은 매우 중요합니다. 우리가 예수 믿고 하나님 자녀가 되었기 때문에 혹 오늘 밤에 죽는다 해도 구원받는다는 것, 죽음을 통과한 후 하나님 나라에서 눈을 뜰 것이라는 확신은 너무 중요합니다. 어떤 사람들은 부흥회에 참석하고 목이 쉬도록 기도하며 나름대로 은혜 충만할 때 이렇게 말합니다. '아, 오늘 밤에 죽어도 천국에서 눈을 뜰 거야!'라는 확신과 감정이 밀려옵니다. 그런데 집에 와서 부부 싸움 한 번 하고, 자녀들에게 짜증 한 번 부리고 나면 이 확신이 싹 사라집니다. '이래서 내가 구원받겠어?'라는 생각이 드는 것입니다. 이러면 안 되겠다 싶어 다시 새벽기도에 참석하고 금식하고 기도하면, 다시 '할렐루야! 나는 구원받았다'라고 합니다. 늘 오락가락하는 구원에 머물러 있다는 말입니다. 구원이라는 것은 우리의 느낌이나 감정에 달려 있는 것이 아닙니다. 하나님 말씀이 그렇다고 하면 그 말씀을 믿는 것입니다. 이것을 요한복음 1장 12절에 기록합니다.

> 영접하는 자 곧 그 이름을 믿는 자들에게는 하나님의 자녀가
> 되는 권세를 주셨으니

하나님 아들 예수를 믿으면 하나님 자녀가 된다고 합니다. 성경이 그렇게 말씀했기 때문에 그 말씀을 믿는 것입니다. 우리 느낌과는 아무 상관 없습니다. 우리 감정과 아무 상관 없이 성경의 말씀을 그대로 믿으며 구원받은 사람이 된 것입니다. 그렇습니다. 우리는 예수 믿고 구원받았습니다. 그런데 여기서 끝나면 안 되고 다음 단계로 나아가야 됩니다. 어린아이의 믿음이 장성한 분량에까지 나아가야 된다는 것입니다. 에베소서 4장 13절에 그 말씀을 합니다.

> 우리가 다 하나님의 아들을 믿는 것과 아는 일에 하나가 되어
> 온전한 사람을 이루어 그리스도의 장성한 분량이 충만한 데까
> 지 이르리니

우리가 다 하나님의 아들을 믿는 것을 통해서 구원받았습니다. 그리고 하나님의 아들을 믿는 것과 아는 일에 하나가 되어서 온전

나의 소중한 자산은 가능성이다

한 사람을 이루라고 합니다. 온전한 사람은 성장한 사람입니다. '그리스도의 장성한 분량이 충만한 데까지 이르리니'의 핵심은 그리스도의 장성한 분량입니다. 사람 자체의 온전함에 머물지 않고 예수 그리스도의 장성한 분량에까지 이르는 것입니다. 우리의 믿음이 점점 성장하고 성장해서 마침내 예수님처럼 되는 것을 말합니다. 우리 같은 사람이 어떻게 예수님처럼 되겠습니까? 하지만 우리의 영원한 선샤인 되신 예수 그리스도를 바라보고, 주님을 사모하고 사모하다 보면 우리 믿음이 점점 자라서 마침내 그리스도의 장성한 분량에 이르게 되어 이 세상의 빛처럼 존재하게 된다는 것입니다.

우리 삶 속에 계시는
하나님

그렇다면 우리가 어떻게 더 깊은 믿음의 세계로 나아갈 수 있을까요? 그것은 우리가 믿는 하나님이 어떤 분이신지를 아는 것입니다. 그 하나님을 알면 하나님을 붙잡고 떠날 수가 없습니다. 우리가 믿는 하나님이 어떤 분이신지, 우리 아버지가 어떤 분인지를 알게 되면 그 하나님을 더 가까이하게 된다는 것입니다. 오늘 본문 6절을 보면,

믿음이 없이는 하나님을 기쁘시게 하지 못하나니 하나님께 나

믿음이 없이는 하나님을 기쁘시게 하지 못한다고 합니다. 믿음
이 없으면 하나님과 관계가 없다는 것입니다. 우리는 다 예수를 믿
는 믿음을 가지고 있습니다. 그래서 그 믿음으로 하나님과 우리가
하나가 되어, 하나님이 우리 아버지가 되셨습니다. 그 하나님께 나
아가는 자는 어떤 믿음을 가져야 할까요? 하나님이 반드시 계신 것
과 그 하나님이 살아 계시다는 것을 믿는 믿음입니다. 그리고 하나
님을 찾는 자들에게 상 주시는 이심을 믿는 믿음입니다. 하나님이
살아계신 것과 그분을 찾는 자들에게 상 주시는 하나님이 우리가
믿는 하나님이라는 것입니다. 하나님은 살아계십니다. 우리는 신학
적으로 교리적으로 그렇게 믿습니다. 그러나 이 예배당 안에만 살
아계시는 것이 아니라, 우리가 살아가는 삶의 터전 속에서 하나님
은 살아계십니다. 순간순간 우리 삶 속에 하나님 아버지가 계시는
것을 믿으셔야 합니다. 이 믿음을 성경이 요구하는 것입니다. 우리
삶의 현장에서 그가 계신 것과 반드시 그가 살아계신 것을 믿어야
합니다.

예수전도단(YWAM)의 설립자 로렌 커닝햄의 멘토였던 조이 도우
슨은 평범한 주부였습니다. 그녀는 신학을 하고 목사가 된 사람이
아님에도 영성이 깊은 분인데, 어떻게 그렇게 될 수 있었을까요? 그

분의 고백에 따르면, '나는 평범한 주부로 살았지만 하나님의 음성을 듣는 훈련을 받은 이후에 평범함과 영원히 이별했다'라고 합니다. 평범한 주부에 불과했던 그녀는 하나님을 알고, 하나님 음성을 듣고 나서는 아주 특별한 사람이 되었다는 고백인 것입니다. 그녀의 삶에서 어떻게 하나님을 만났는지 그 경험을 이야기합니다.

어느 날 그녀가 친정엄마에게 예쁜 볼펜 한 자루를 선물했습니다. 엄마는 딸이 준 예쁜 볼펜을 늘 만지면서 딸에 대한 애정을 생각했습니다. 그리고 세월이 흘러 나이가 든 엄마는 그 볼펜을 다시 자기 딸에게 주면서 "얘야, 내가 이제 사용할 수 없으니 네가 보관해라"라고 말했습니다. 얼마의 세월이 흐른 후 엄마는 천국으로 갔습니다. 조이 도우슨은 엄마가 그리울 때마다 그 손때 묻은 볼펜을 가슴에 안고 엄마를 그리워하곤 했습니다. 그러던 어느 날, 엄마의 손때 묻은 볼펜이 없어진 것입니다. 심지어 어디에 뒀는지 기억도 나지 않아 집안을 다 뒤졌지만 찾을 수 없었습니다. 그녀는 '하나님께 물어보자. 하나님은 전지하신 분이니 나는 모르지만 하나님 아실 거 아닌가?'라는 어린아이 같은 심정으로 하나님께 물었다고 합니다. "하나님 그 볼펜이 내게 얼마나 소중한지 아시지요? 나는 찾을 수가 없어요. 하나님은 그 볼펜 어디 있는지 아시지요? 가르쳐 주세요."

여러분, 하나님이 아실까요? 모르실까요? 신학적, 교리적으로는 하나님은 다 아신다고 말할 것입니다. 하지만 우리는 실제로 그런 경우에 처하면 하나님께 물어보지 않습니다. 우리는 '에이, 못 찾겠다. 한 개 다시 사지, 뭐'라고 할 때가 많습니다. 하지만 조이 도우슨은 정말 하나님이 살아계심을 믿고, 아빠 아버지 하나님께 어린아이처럼 순수하게 물어본 것입니다. '하나님, 그것이 어디 있습니까? 가르쳐 주세요.' 조금 시간이 흐른 후 마음속에 하나님의 감동이 찾아왔습니다. '조이야, 화장실에 한번 가 보렴.' 이미 화장실도 다 찾아본 후였지만, 하나님이 가 보라고 하시니 '알겠습니다'라고 하고 화장실을 찾아보았습니다. 그런데 변기 뒤에 그 볼펜이 떨어져 있는 게 아닙니까? 그것을 보는 순간에 조이 도우슨은 한없는 감격 속에서 '우리 하나님 정말 위대하시다'라고 고백했다고 합니다. 볼펜한 자루 때문에 하나님의 위대하심을 경험하게 된 것입니다.

우리 하나님은 살아계십니다. 그분은 조이 도우슨만의 하나님이 아닙니다. 우리의 하나님이기도 합니다. 성경 속에 갇혀 있는, 교회에만 있는 하나님이 아닙니다. 우리 삶의 현장 곳곳에서 우리와 함께하시는 하나님입니다.

성경은 아브라함을 '하나님의 벗'이라고 합니다. 아무 거리낌 없이 너무나 다정하고 친밀한 관계라는 의미로 히브리서는 하나님이 아브라함의 벗이라고 합니다. 창세기 18장 17절에 이렇게 기록합니다.

> 여호와께서 이르시되 내가 하려는 것을 아브라함에게 숨기겠
> 느냐

하나님은 소돔과 고모라를 멸하시기 전에 소돔으로 가면서 아브라함의 장막에 들렀습니다. 그리고 아브라함에게 비밀을 이야기해 줍니다. 아무도 모르는 비밀을 아브라함에게 알려 준 것입니다. 하나님은 자신이 하려는 것, 즉 소돔과 고모라를 멸할 거라고 알려 주셨습니다.

'내가 하려는 것을 아브라함에게 숨기겠느냐? 너는 내 벗인데 내 비밀을 다 알려 줘야지.'

믿음의 거장들을 보면 한결같이 주님과 친밀한 관계를 맺습니다. 하나님의 살아계심을 느끼면서 하나님과 함께했다는 것을 우리에게 보여 주고 있습니다.

에녹은 지금 그 얘기를 하고 있는 것입니다. 우리 삶에 하나님이 살아계실 뿐만 아니라 그를 찾는 자들에게 상 주시는 분임을 믿어야 한다는 것입니다. 하나님은 하나님을 찾는 사람들을 반드시 만나 주시고, 그를 찾는 자들에게 상 주신다고 합니다. 이 세상에서는 유명한 사람들을 만나기가 어렵습니다. 대통령 만나 본 적이 있습니까? 텔레비전에서는 볼 수 있지만 그분을 만나 커피 한잔 한 적 없습니다. 조금만 유명하면 만나기조차 어렵습니다. 그런데 하나님은 당신을 찾아오는 사람들을 외면한 적이 없고, 언제나 만나 주십니다. 그뿐만 아니라 상을 주신다고 합니다. 시편 103장 3절에서는 하나님이 어떤 분이신지를 소개합니다.

그가 네 모든 죄악을 사하시며 네 모든 병을 고치시며 네 생명
을 파멸에서 속량하시고 인자와 긍휼로 관을 씌우시며 좋은
것으로 네 소원을 만족하게 하사 네 청춘을 독수리같이 새롭
게 하시는도다

'그가 네 모든 죄악을 사하시고 네 모든 병을 고치시고 네 생명을
파멸에서 속량하신다'고 합니다. 여기서 파멸은 끝난 것입니다. 무
덤입니다. 그런데 '네 생명을 파멸에서 속량하시고 인자와 긍휼로
관을 씌우시며 좋은 것으로 너의 소원을 만족케 하시고 네 청춘을
독수리같이 새롭게 하시겠다'고 합니다. 이 하나님이 우리 하나님
인 줄 믿으시길 바랍니다. 저 하늘 건너편에 있는 것이 아니라 지금
바로 우리 곁에서 우리와 함께 사시는 분이 하나님이라는 것을 알
게 되면, 이 아빠 아버지를 멀리할 수가 없는 것입니다. 이렇게 좋은
하나님과 함께하는 것은 우리에게 큰 복입니다. 에녹은 이 하나님
과 동행했습니다. 창세기를 보면 에녹은 365년을 살았는데, 300년
을 하나님과 동행했다고 기록합니다. 그 당시 평균 수명은 900년 정
도입니다. 거기에 비하면 365년은 짧습니다. 하지만 에녹은 비록 짧
은 인생이었지만 하나님과 동행한 사람이었습니다. 그의 일생을 두
고 "에녹! 아, 그 사람은 하나님과 동행한 사람이야"라고 사람들이
이야기했다는 것입니다. 창세기 5장 24절에 이것을 기록하고 있습
니다.

나의 소중한 자산은 가능성이다

에녹이 하나님과 동행하더니 하나님이 그를 데려가시므로 세
상에 있지 아니하였더라

'에녹이 하나님과 동행하더니'라고 합니다. 너무나 좋으신 그분, 우리를 만족하게 하시는 그분과 함께 동행하더니, 하나님이 그를 데려가심으로 세상에 있지 아니하였다고 합니다. 에녹의 삶의 목표는 부귀영화를 누리는 것이 아니었습니다. 엄청난 땅 부자가 되는 것도 아니었습니다. 그의 목표는 오직 한 가지, 좋으신 하나님과 날마다 함께 살아가는 것이었습니다. 여기서 '동행'은 너무 아름다운 단어입니다. 하나님이 가시는 방향으로 자신도 같이 간다는 의미입니다. 그렇게 에녹은 하나님과 300년을 나란히 동행했습니다. 사람이 일생을 산 후, 그 사람이 걸어간 삶의 발자취, 즉 흔적이 남지 않습니까? 에녹은 하나님과 함께 걸었습니다. 에녹의 삶 뒤에도 흔적이 남아 있습니다. 그는 어떤 흔적을 남겼을까요? 오늘 본문 5절에 그것에 대해 말씀합니다.

믿음으로 에녹은 죽음을 보지 않고 옮겨졌으니 하나님이 그를
옮기심으로 다시 보이지 아니하였느니라 그는 옮겨지기 전에
하나님을 기쁘시게 하는 자라 하는 증거를 받았느니라

믿음으로 에녹은 죽음을 보지 않고 하나님께 옮겨 갔습니다. 하

나님이 그를 데려가심으로 다시 세상이 보이지 아니하였는데 그가 무엇을 남겼을까요? '그는 옮겨지기 전 이 땅에 살 동안에 하나님을 기쁘시게 하는 자라는 증거를 받았다'고 합니다. 그의 삶의 목표는 날마다 하나님을 기쁘시게 하는 것이었습니다. 그러니까 그를 아는 모든 사람들에게 '에녹' 하면 '하나님과 동행하는 사람, 하나님을 날마다 기쁘게 하는 사람'이라는 흔적을 남겨두었습니다.

사랑하는 여러분! 여러분은 어떤 흔적을 남기고 싶습니까? 어떤 삶의 목표를 가지고 계십니까? '하나님을 기쁘시게 하는 자!' 만약 이 목표를 가졌다면 우리의 삶에서 날마다 우리를 새롭게 하는 하나님의 은혜를 경험하게 될 줄로 믿습니다.

대박 가게의 비밀

우리 교회 성도들 중 사업하는 분들은 규모에 상관없이 이랑주의 『마음을 팝니다』라는 책을 읽어 보시기를 권합니다. 이 책의 부제는 '대박과 쪽박을 가르는 1%의 비밀'입니다. 사업은 대박 날 수도 있고 쪽박 찰 수도 있는데 그것을 가르는 1%의 비밀이 무엇인지를 이 책에서 소개하고 있습니다. 사업을 하는 사람들이라면 누구나 자신이 운영하는 사업이 '어떻게 하면 대박 나게 할 것인가?' 이한 가지 고민을 가지고 있을 것입니다. 그래서 사업장을 리모델링하고 인테리어를 고급으로 바꾸기도 하는데, 그것보다 더 확실한

나의 소중한 자산은 가능성이다

대박의 비밀이 있다고 합니다. 돈 한 푼 안 들이고 대박 가게를 만드는 비밀입니다. 그것은 바로 운영하는 가게를 따뜻하고 착한 마음으로 리모델링하는 것입니다. 그리고 이제부터 물건을 파는 것이 아니라 마음을 팔아 보라고 권합니다. 그러면 가게가 대박 날 것이라고 이야기합니다.

이분이 한 실례를 이야기합니다. 어느 날 자기 차를 몰고 서울 변두리 어느 세차장에 갔습니다. 세차장에 가서 차를 맡겨놓고 세차하는 사람들을 보고 있었습니다. 종업원들이 세차를 열심히 한 후 차를 주인에게 돌려줄 시점에 세차장 주인 아주머니가 차 문을 열어보고 "여기 문틈도 닦아", 트렁크를 열어서 "여기도 닦아", 타이어 밑에 "여기도 닦아"라고 하는 것입니다. 세차 후 마지막에 주인이 가서 자기 차처럼 구석구석 확인한 다음에 손님에게 주더라는 것입니다. 그것을 본 저자는 '이 가게가 잘되는 이유가 바로 이것이구나'를 알게 되었다고 합니다. 평범한 세차장이었지만 건성으로 대충 하지 않고 진심으로 손님 차를 내 차처럼 구석구석 닦아주는 것이 대박의 비결이었습니다. 건성으로 하면 안 되고 진심으로 하라는 것입니다. 그러면 대박 가게가 된다는 것입니다. 그러나 이 책보다도 먼저 성경은 이미 그것을 이야기하고 있습니다. 골로새서 3장 23절에 이렇게 말합니다.

무슨 일을 하든지 마음을 다하여 주께 하듯 하고 사람에게 하

듯 하지 말라

무슨 일을 하든지 마음을 다해서, 건성이 아니라 진심을 담아서 하라는 것입니다. 마음을 다해서 주께 하듯 하라고 합니다. '주께 하듯' 이것이 비밀이라는 것입니다. 진심을 다해서 주님께 하듯 하고 사람에게 하듯 하지 말라고 합니다. 그다음 절인 24절에서는 그렇게 하면 '이는 기업의 상을 주께 받을 줄 아나니 너희는 주 그리스도를 섬기느니라'라고 합니다. 우리는 하나님의 사람입니다. 주님을 섬기는 사람들입니다. 성공보다 성숙, 날마다 하나님을 기쁘시게 하는 것이 중요합니다. 무슨 일을 하든 주께 하듯 하면 좋은 인생이 된다는 것입니다.

여러분은 지금 어떤 목표를 가지고 사십니까? 매일 아침에 집을 나설 때 '오늘도 내가 하나님을 기쁘시게 해야지. 사랑하는 내 아버지와 함께 이 하루를 살아야지. 내 일을 통해서 하나님을 기쁘시게 해야지'라는 목표를 가지게 되면 그 삶 자체가 대박의 삶입니다. 만족하는 삶이 될 수밖에 없습니다.

시편 37장 4절에 이런 말씀이 있습니다.

또 여호와를 기뻐하라 그가 네 마음의 소원을 네게 이루어 주시리로다

나의 소중한 자산은 가능성이다

우리가 '하나님을 기쁘게 해야지, 하나님을 기쁘게 해야 해' 이 마음 하나를 가지고 사는데 하나님은 '네 마음의 소원을 이루어 주시리로다'라고 합니다. 우리 삶의 좋은 목표는 '하나님을 기쁘시게 해야지, 빛으로 살아야지'라는 이 한 가지입니다. 이 작은 한 가지 때문에 인생이 만족한 독수리처럼 청춘이 새롭게 되는 영광을 누리게됩니다. 에녹은 매일매일 그런 마음으로 살았습니다.

> 믿음으로 에녹은 죽음을 보지 않고 옮겨졌으니 하나님이 그를 옮기심으로 다시 보이지 아니하였느니라 그는 옮겨지기 전에 하나님을 기쁘시게 하는 자라 하는 증거를 받았느니라

하나님을 기쁘시게 하는 자는 '주님, 내가 주님의 기쁨으로 살겠습니다'라는 이 한 가지 목표 때문에 가슴 벅찬 삶을 살게 됩니다. 에녹은 평생 주님과 동행했고, 하나님이 그를 영원한 하늘나라로 옮겨 가셨습니다. 하나님을 기쁘시게 하는 이 아름다운 목표 때문에 정말 좋은 인생이 되시기를 예수 이름으로 축복합니다.

6장

내 인생길에서
만남이 복이다

1 그 후에 애굽 왕의 술 맡은 자와 떡 굽는 자가 그들의 주인 애굽 왕에게 범죄한지라 **2** 바로가 그 두 관원장 곧 술 맡은 관원장과 떡 굽는 관원장에게 노하여 **3** 그들을 친위대장의 집 안에 있는 옥에 가두니 곧 요셉이 갇힌 곳이라 **4** 친위대장이 요셉에게 그들을 수종들게 하매 요셉이 그들을 섬겼더라 그들이 갇힌 지 여러 날이라 **5** 옥에 갇힌 애굽 왕의 술 맡은 자와 떡 굽는 자 두 사람이 하룻밤에 꿈을 꾸니 각기 그 내용이 다르더라 **6** 아침에 요셉이 들어가 보니 그들에게 근심의 빛이 있는지라 **7** 요셉이 그 주인의 집에 자기와 함께 갇힌 바로의 신하들에게 묻되 어찌하여 오늘 당신들의 얼굴에 근심의 빛이 있나이까 **8** 그들이 그에게 이르되 우리가 꿈을 꾸었으나 이를 해석할 자가 없도다 요셉이 그들에게 이르되 해석은 하나님께 있지 아니하니이까 청하건대 내게 이르소서

늘 반복되는 일상이지만 마음이 통하여 웃음을 나눌 수 있는 소중한 사람이 있으니 선물입니다. 늘 실수로 이어지는 날들이지만 어떤 일에도 나를 지켜봐 주는 가족이 있으니 선물입니다. 늘 불만으로 가득 찬 시간이지만 언제라도 고민을 들어줄 수 있는 친구가 있으니 선물입니다. 이 많은 선물을 갖

기에는 부족하지만 그래도 열심히 살아갈 수 있는 이유는 소
중한 사람들이 있기 때문입니다. 소중한 사람들이 있음이 가
장 큰 선물입니다.

– 정종순,〈오늘 하루가 가장 큰 선물입니다〉

우리가 살아온 날들을 돌아보면 태어나서 현재까지 얼마나 많은
사람들을 만나고 헤어졌는지 모릅니다. 잠깐의 만남도 있었고, 오
래 지속한 만남도 있지만, 이 만남 속에서 '오늘의 나'가 존재합니다.
어쩌면 인생길은 만남의 연속이라고 볼 수가 있습니다.

오늘 말씀의 제목은 '내 인생길에서 (   )이 복이다' 입니다. 괄호
안의 답은 '만남'입니다. 만남이 복입니다. 수많은 만남이 있는데, 그
만남 중에서도 좋은 만남이 복입니다. 한 사람을 복되게 하는 것은
좋은 만남을 통해서 일어납니다.

행복의 조건

서울대학교 심리학과 최인철 교수는 행복을 연구하는 분입니다.
그는 자신의 저서 『아주 보통의 행복』에서 행복의 4대 보험에 대해
이야기합니다. 직장인들은 4대 보험에 가입되어 있습니다. 직장인
에게 최소한의 안전장치가 4대 보험입니다. 산업재해를 당하든지,
어떤 어려운 일이 있어서 퇴직하게 될 때를 대비한 최소한의 안전

장치를 위해 4대 보험에 가입합니다. 이것처럼 우리의 행복을 최소한 보장해 줄 수 있는 행복의 4대 보험이 있다는 것입니다. 이 네 가지 보험 중에 첫 번째 보험은 좋은 인간관계입니다. 좋은 인간관계가 행복을 받쳐 주는 보험이라고 합니다. 우리나라를 포함해서 37개국의 직장인들에게 행복 요인이 무엇인지를 조사해 보았다고 합니다. 놀랍게도 그들은 행복을 좌우하는 요인이 연봉이 아니라, 직장에서의 좋은 관계라고 답했습니다. 직장생활에서 행복해지려면 좋은 관계를 유지하는 것은 필요합니다. 직장생활이 지옥 같다는 얘기는 대부분 관계의 어려움에서 비롯됩니다. 관계가 좋지 않으면 아무리 월급을 많이 받아도 견디기 힘듭니다. 이것은 비단 직장생활에서만 그런 것이 아닙니다. 이 땅에 사는 사람들이 자기가 속해 있는 곳에서 좋은 관계를 맺고 있으면 행복하지만, 좋은 관계가 아니면 불행해집니다. 교회 생활이 너무 좋고 즐겁다는 것은 교회 안에 좋은 관계로 맺어져 있는 사람들이 많다는 것입니다. 직장인들뿐만 아니라 사회생활을 하는 대부분의 사람들도 마찬가지입니다. 관계 네트워크가 건강한 사람들은 행복합니다. 우리 자녀들을 학교에 보낼 때도 가장 걱정이 되는 것이 혹시 우리 아이가 외톨이가 되지 않을까 하는 것입니다. 교우 관계가 힘들면 큰 상처를 받습니다. 그러면 아이의 학교생활이 힘들 것입니다. 하지만 교우 관계가 좋으면 학교생활이 즐거울 것입니다. 모든 삶이 그렇습니다. 행복하기 위해 가장 필요한 것은 좋은 인간관계이며, 만약 인간관계가 좋지 않으면 행복하기 어려울 것입니다.

좋은 만남은 복이다

존 맥스웰(John C. Maxwell)의 저서 『사람은 무엇으로 성장하는가』
에서 우리가 늘 습관적으로 만나는 사람들을 '준거집단'이라고 합
니다. 준거집단은 함께 사는 사람은 아니지만 자주 만나는 사람들
을 가리킵니다. 그는 책에서 인생의 성공 유무가 내가 만나는 준거
집단에 달려 있다고 합니다. 이 사람들 때문에 흥하기도 하고 망하
기도 한다는 것입니다. 이 사람들에게 우리는 삶의 많은 부분에서
영향을 받고 있습니다. 그래서 '나'라는 사람이 어떤 사람인지 알고
싶다면, 내가 만나는 준거집단, 즉 자주 만나는 사람들을 보면 알 수
있다고 합니다. 내가 만나는 다섯 사람을 보면 그 사람이 '나'라는 것
입니다. 이렇게 만남이 중요합니다.

5년 후에 우리 인생이 어떻게 될지 아무도 모릅니다. 하지만 예
측할 수 있는 도구가 두 가지 있습니다. 무엇을 보고 예측할 수 있을
까요? 첫 번째는 '내가 지금 읽고 있는 책'입니다. 사람은 관심 분야
의 책을 읽기 때문입니다. 또 하나는 '내가 지금 만나는 사람들'입니
다. 이 사람들의 모습이 5년 후의 내 모습이라는 것입니다. 사람은
환경에 영향을 받는다고도 하지만, 사실 사람은 사람에게 영향을
받습니다. 사람들은 자연 좋고, 물 좋고, 경치 좋은 곳에 살고 싶어

나의 소중한 자산은 가능성이다

합니다. 그러나 내가 살고 있는 자연이 아름답다고 내가 아름다워지지 않습니다. 사람은 사람에게 영향을 받게 되어 있습니다. 그래서 좋은 사람을 많이 만나야 합니다. 잠언 13장 20절에 이렇게 말씀합니다.

> 지혜로운 자와 동행하면 지혜를 얻고 미련한 자와 사귀면 해를 받느니라

지혜로운 사람과 어울리면 지혜로운 사람이 됩니다. 하지만 미련한 사람과 어울리면 미련한 자가 될 뿐만 아니라, 더 나아가 해를 받는다는 것입니다. 사람은 자신이 만나는 사람들에게 절대적인 영향을 받습니다. 그래서 좋은 사람을 만나는 것은 하나님의 축복입니다. 하나님은 우리에게 복을 주실 때에 좋은 사람을 만나게 해 주십니다. 그런데 좋은 관계를 유지하지 못하고 상처 주고 끊어내면 마치 하나님이 주신 복을 발로 차는 것과 같습니다. 하나님은 그 사람을 통해 복을 주려고 하는데, 우리가 관계를 깨버리니 복을 차버리는 결과가 되는 것입니다. 잠언 27장 17절에도 같은 말을 합니다.

> 철이 철을 날카롭게 하는 것 같이 사람이 그의 친구의 얼굴을 빛나게 하느니라

좋은 만남은 복입니다. 한 사람의 인생을 좌우하는 것은 또한 만남입니다. 모든 사람이 그렇습니다. 인간이 세상에 태어나서 처음 만나는 사람은 엄마 아빠입니다. 아이의 인생에서 첫 만남이 시작된 것입니다. 그리고 아이가 걸어 다니기 시작하면 또래 친구들도 만나게 됩니다. 조금 더 자라서 학교에 가면 학교 친구들과 선생님을 만납니다. 학교를 졸업하면 직장에 가서 직장 동료를 만나고, 시간이 더 지나면 함께 가정을 이룰 배우자를 만납니다. 이렇게 인생은 만남의 연속입니다. 만남을 통해서 인생이 만들어지는 것입니다.

오늘 본문에 등장하는 요셉도 그러합니다. 요셉의 인생 주변에 수많은 등장인물들이 있었습니다. 오늘 본문의 1절은 이렇게 시작합니다.

> 그 후에 애굽 왕의 술 맡은 자와 떡 굽는 자가 그들의 주인 애굽 왕에게 범죄한지라

오늘 본문에서 핵심 단어는 '그 후에'라는 단어입니다. 그전에 무슨 일이 있었는지를 요약한 다음에 '그 후에'로 시작합니다. 이전 내용은 요셉이 감옥에 들어오기 이전에 무슨 일이 있었는지를 말합니다. 보디발의 아내, 즉 주인의 부인이 요셉을 유혹하지만 그는 거절합니다. 결국 부인이 누명을 씌워 억울하게 감옥에 갇히게 된 이야기입니다. '그 후에'는 '억울한 일을 당한 후에'라는 뜻입니다. 그렇

나의 소중한 자산은 가능성이다

게 그는 감옥에 들어갔습니다. 감옥이라고 하면 막다른 골목인 것 같습니다. 감옥에 들어갔다는 것은 더 이상 소망이 없다는 말입니다. '갈 때까지 다 갔다'라고 볼 수 있습니다. 그런데 희망 없는 그 감옥에서 하나님이 요셉에게 사람을 보내십니다.

> 그들을 친위대장의 집 안에 있는 옥에 가두니 곧 요셉이 갇힌
> 곳이라

여기서 '그들'은 술 맡은 관원장과 떡 맡은 관원장을 말하는데, 그들을 친위대장의 집 안에 있는 옥에 가두었다는 것입니다. 그런데 그곳은 어떤 곳입니까? 바로 요셉이 갇힌 곳입니다. 요셉이 먼저 감옥에 들어가 있었습니다. 그런데 요셉이 이들을 만나려고 작정한 적이 없습니다. 술 맡은 관원장과 떡 맡은 관원장은 왕의 음식을 만드는 사람이기 때문에 가장 믿을 만한 사람으로 세웁니다. 하지만 이들이 무슨 실수를 했는지는 몰라도, 요셉이 있는 그 감옥으로 들어온 것입니다. 그곳에서 만난 것입니다. 그러니까 뜻밖의 장소에서 뜻밖의 사람을 만난 것입니다. 하나님이 요셉에게 이 두 사람을 보낸 것이 단순히 우연으로 보일 수 있습니다. 하지만, 우연이 아닙니다. 하나님이 보내셨습니다. 결국 이 만남을 통해서 요셉의 삶은 새로워집니다. 요셉은 감옥에서 이들을 죄수로 만났습니다. 이 사람들도 죄수의 의복을 입고 있습니다. 똑같은 죄인입니다. 겉으로

보기에는 이 사람들이 얼마나 중요한 위치에 있었는지 알 수가 없습니다. 그곳에서는 그들도 죄인, 요셉도 죄인으로, 서로 소망 없는 사람끼리 만난 것입니다. 하지만 하나님은 그곳에서의 만남을 통해서 요셉을 이끌어 내십니다. 우리가 기억해야 할 것은 우리 곁에 있는 사람이 죄수복을 입었거나, 가난하거나 부하거나 배웠거나 상관없이 다 소중한 사람들이라는 것입니다. 하나님이 보내 주신 소중한 사람입니다. 이것을 기억해야 합니다. 만약에 요셉이 죄수복을 입었다고 그들을 함부로 대했거나, 그 사람들과의 관계를 발전시키지 않았다면 요셉의 미래는 없었을 것입니다. 여러분 곁에 있는 사람들이 소중하다는 것을 믿으시길 바랍니다. 왜냐하면 하나님이 우리에게 복을 주실 때 사람을 통해서 복을 주시기 때문에 그렇습니다.

우리 인생의 귀인

오래전에 『귀인』이라는 책을 읽은 적이 있습니다. 오래전에 출판된 책이라서 중고 서점에서 구했습니다. 한국 사람들은 귀인을 좋아합니다. 그래서 '동쪽에서 귀인이 온다'라는 생각을 하고 있습니다. 그런데 귀인이 어디 있을까요? 부산에 있을까요? 광주에 있을까요? 물론 그곳에도 귀인이 있을 것입니다. 하지만 우리와는 상관이 없습니다. 우리와 상관있는 귀인은 아주 가까이 있습니다. 이 책에서 우리의 귀인은 아내라고 합니다. 반대로 아내들에게는 남편이

나의 소중한 자산은 가능성이다

귀인이라는 것입니다. 그런데 이 사실을 잊고 살아갑니다. '남편이 무슨 귀인이야, 원수지'라고 생각하지만, 아내에게 남편을 주신 하나님은 실수가 없는 분입니다. 정확하게 우리에게 맞는 귀인을 붙여 주신 것입니다. 이것을 믿지 않으면 행복을 찾지 못합니다. 그래서 남편들은 아내를, 아내들은 남편을 귀인처럼 잘 섬겨야 합니다. 그런데 어떤 부인이 자신은 남편을 정말 잘 섬긴다고 합니다. 어떻게 섬기느냐고 물으니, 남편을 하나님처럼 모신다고 합니다. 어떻게 하나님처럼 모실 수 있느냐고 물어보니 "나는 우리 집 수입의 십일조, 즉 10분의 1은 남편을 위해 쓰고, 나는 나머지 10분의 9를 쓴다'고 했습니다. 물론 반어적인 우스갯소리입니다.

우리의 귀인이 누구인지를 기억해야 합니다. 남편에게는 아내가 귀인이고, 아내에게는 남편이 귀인입니다. 하나님은 언제나 만남을 주선하십니다. 그러나 그 만남을 좋은 만남으로 가꾸어 가는 것은 우리의 할 일입니다. 그래야 우리가 복을 누릴 수가 있습니다. 하나님이 작정한 복을 누릴 수 있다는 말입니다. 하나님이 계획한 것은 요셉 곁에 술 맡은 관원장을 보내 만나게 하는 것이었습니다. 그런데 요셉이 그와의 관계를 가꾸지 않았다면 요셉은 우리가 아는 요셉이 될 수가 없습니다. 우리가 얼마나 어리석은지, 하나님이 작정하고 계획을 세워서 좋은 귀인을 옆에 붙여주셨는데도 우리가 함부로 대하는 것입니다. 그것은 하나님이 주신 복을 발로 차는 것과 같습니다.

어느 날 우연히 인터넷에서 제가 쓴 글을 보게 되었습니다. 아주 가끔 제가 쓴 글을 인터넷에서 발견할 때가 있습니다. 2010년에 9월 1일자 〈교차로〉 신문에 썼던 칼럼을 보게 된 것입니다. 그 글에는 인터넷 채팅으로 뜨거운 사랑에 빠진 남녀의 이야기가 나옵니다.

두 사람이 인터넷 채팅에서 만났습니다. 자기 속 얘기도 다 털어 놓으면서 열렬히 사랑에 빠집니다. 남자는 여자를 허니(honey)라고 부르고, 여자는 남자를 프린스(prince)라고 부르면서 두 사람이 인터넷에서 뜨거운 사랑에 빠진 것입니다. 그래서 어느 하루도 만나지 않은 날이 없었다고 합니다. 그렇게 좋아하다가 우리가 사이버 공간에서 만날 것이 아니고 오프라인에서 직접 얼굴 한번 보자고 해서 날짜와 장소를 정했습니다. 얼마나 가슴이 설레겠습니까? 두 사람은 잠을 잘 못 이룰 만큼 그날이 오기를 손꼽아 기다렸고, 드디어 그날이 왔습니다. 약속한 장소에 갔습니다. 프린스(prince)를 만나러 가보니 남편이 기다리고 있었다고 합니다. 사이버 공간의 프린스(prince)가 남편이었습니다. 남편도 자기 아내가 있는 것을 보고 기가 찼습니다. 두 사람은 너무 당황스럽고 부끄러웠습니다. 평소에 늘 함께 살 때는 무심하게 살다가 사이버 공간에서는 사랑을 불태운 것입니다. 두 사람은 결국 법정 싸움까지 하고 이혼했다고 합니다.

이것이 인간의 이중성입니다. 가장 좋은 귀인을 우리 곁에 보내 주셨는데도 우리가 그 만남을 가꾸지 못한 것입니다. 그러니까 가꾸는 기술이 없는 것입니다. 하나님이 복을 주시려고 소중한 사람

나의 소중한 자산은 가능성이다

을 붙여줬는데 이 만남을 가꾸지 못해 자꾸만 발로 차버리는 것입니다.

관계의 기술

그래서 오늘 저는 아비의 심정으로 아주 현실적이면서도 중요한 관계의 기술 두 가지를 말씀드리고자 합니다. 첫 번째 관계의 기술은 '존중'입니다. 우리는 '존중'이라는 덕목 하나로 행복을 누릴 수가 있습니다. 이것이 첫 번째 중요한 관계의 기술입니다. 존 비비어(John Bevere)는 『존중』이라는 책을 썼습니다. 그는 존중이 형통한 인생의 비밀이라고 말합니다. 한 사람이 형통한 것은 존중이라는 덕목 때문이라고 합니다. 그래서 존중은 하나님께 복을 받을 중요한 열쇠라고 합니다. 다른 것은 못해도 사람들을 존중할 줄 아는 것 하나만 가지고 있어도 형통한 삶을 살게 된다는 것입니다. 존중하는 것, 요셉이 형통한 이유가 여기에 있습니다. 요셉은 주변에 있는 모든 사람들을 존중합니다. 요셉이 팔려 와서 보디발의 종으로 있을 때도 얼마나 주인을 잘 섬겼는지 창세기 39장 4절에 이렇게 기록합니다.

> 요셉이 그의 주인에게 은혜를 입어 섬기매 그가 요셉을 가정
> 총무로 삼고 자기의 소유를 다 그의 손에 위탁하니

보디발은 자기 모든 재물을 히브리 종 요셉에게 다 맡겼다고 합니다. 그 이유가 무엇이었을까요? 그는 주인을 전심으로 섬겼습니다. 여기서 '섬겼다'는 뜻의 히브리어 단어가 '샤라트(sharath)'인데, 이것을 영어로 번역하면 'attend'입니다. 'attend'는 항상 그 자리에 있다는 것입니다. 주인이 부를 때마다 항상 그 자리에 있는 것입니다. 하나님이 아브라함을 부를 때, 항상 그 자리에서 '내가 여기 있나이다'라고 대답했습니다. 하나님이 부를 때마다 항상 준비되어 있다는 것입니다. 하나님이 '아브라함아'라고 부르시면 '내가 여기 있나이다(Here I am)'라고 하는 것이 진짜 섬김의 모습이라는 것입니다.

본문 4절에서도 요셉이 어떤 모습으로 섬겼는지를 설명하고 있습니다.

> 친위대장이 요셉에게 그들을 수종들게 하매 요셉이 그들을 섬겼더라 그들이 갇힌 지 여러 날이라

여기에서 '섬겼더라'도 '샤라트'입니다. 언제나 마음 다해 진심으로 그들을 섬기는 것입니다. 그것은 존중하는 마음이 있다는 것입니다. 요셉에게 있는 이 덕목, 존중하는 마음이 그를 형통으로 끌어가는 비밀이었다는 것입니다. 우리는 얼마나 많은 사람들을 만납니까? 우리가 존중하는 덕목 하나를 가지면 모든 사람과 좋은 관계를 갖게 되고 그 결과 우리 인생이 형통할 수 있습니다.

나의 소중한 자산은 가능성이다

예수님이 가르쳐 주신 최고의 관계 기술을 마태복음 7장 12절에서 말합니다.

> 그러므로 무엇이든지 남에게 대접을 받고자 하는 대로 너희도
> 남을 대접하라 이것이 율법이요 선지자니라

너희가 받고 싶은 것이 있다면 먼저 주라는 것입니다. 사람들에게 칭찬받고 싶다면 상대방을 먼저 칭찬하라는 것입니다. 존중받고 싶다면 먼저 존중을 하는 것입니다. 이것이 최고의 관계 기술입니다. 우리는 받기만 원하지 주지 않습니다. 그래서 한 사람을 존중하고 그 사람을 진심을 다해 섬기면, 그것을 통해서 하나님의 형통한 은혜를 누리게 된다는 것입니다.

존중이 관계의 첫 번째 비결이라면, 두 번째는 '말'입니다. 사람과 사람은 말로 연결됩니다. 그래서 '좋은 말'은 좋은 관계로 연결되고, '좋지 않은 말'은 관계를 깨뜨립니다. 이렇게 말로 인해 관계가 결정되는 것입니다. 그래서 말, 즉 우리의 언어생활이 너무 중요합니다.

목사의 아내는 늘 외롭습니다. 교인들이 많아도 누구와 친하게 지낼 수가 없습니다. 고요히 남편 뒤에 숨어 지냅니다. 한 목사님이 어느 날 자기 아내가 안쓰러워 보였습니다. 자기한테 시집 와서 외로이 늙어 가는 아내를 보며 너무 미안해서 어느 날 저녁에 아내에게 이런 말을 했다고 합니다. "여보, 당신은 정말 괜찮은 사람이에

요. 당신 같은 사람 없어요." 이 말을 듣고 아내가 너무 좋아했다고 합니다. '당신은 정말 괜찮은 사람'이라는 소리를 듣고는 너무나 행복해서 잠을 이루지 못했다고 합니다. 그것을 본 목사님이 두 가지를 반성했다고 합니다. 하나는 아내가 저렇게 좋아하는 말을 많이 안 해 준 것이고, 또 하나는 마음에 없는 말을 한 것이었습니다. 아내가 불쌍해서 그냥 한마디 해 준 것뿐이었죠. 하지만 마음에 없는 말인데도 상대는 그렇게 행복해했다는 것입니다. 말이라는 것이 그렇습니다. 말 한마디로 그 사람을 세울 수 있고 끈끈한 관계를 만들 수도 있습니다. 어떤 사람들은 '내가 없는 말 했냐?'고 하는 사람도 있습니다. 하지만 없는 말도 필요할 때가 있습니다. 마음에 없는 말이라도 때로는 그 말 한마디가 힘을 북돋아 주고 관계를 좋게 만들 수 있다는 것입니다. 지난 금요일 〈생명의 삶〉에 참 마음에 드는 글이 있었습니다.

'많은 사람이 말 때문에 망합니다. 가정이 깨지는 이유, 직장생활이 힘든 이유도 말 때문인 경우가 적지 않습니다.'

우리의 인생이 왜 꼬이는지 모르겠다면 자신이 어떤 말을 하는지 살펴볼 필요가 있습니다. 어려운 상황에 있던 사람도 겸손하게 말하고, 긍정적인 말을 주로 하는 습관을 들이면 어려움이 해결되는 경우가 많습니다. 우리 인생이 풀리지 않는다고 생각된다면, 스스로 평소에 어떤 말을 많이 하는지를 상고해 보시기 바랍니다. 잠언 22장 11절을 보면,

나의 소중한 자산은 가능성이다

마음의 정결을 사모하는 자의 입술에는 덕이 있으므로 임금이

그의 친구가 되느니라

아름다운 말을 할 줄 아는 사람 곁에는 좋은 사람이 모이고 임금
이 친구가 된다고 합니다. 말 한마디로 관계가 더 좋아질 수도 있고,
말 한마디로 관계를 깨버릴 수도 있습니다. 이렇게 따뜻한 말, 덕 있
는 말이 좋은 관계를 만들어 가는 기술입니다. 요셉은 그런 사람이
었습니다. 오늘 본문 7절을 보면,

요셉이 그 주인의 집에 자기와 함께 갇힌 바로의 신하들에게

묻되 어찌하여 오늘 당신들의 얼굴에 근심의 빛이 있나이까

요셉이 자신과 함께 갇힌 바로의 신하들에게 다가가 먼저 말을
겁니다. 요셉은 그들은 존중합니다. 하지만 존중은 눈에 보이지 않
습니다. 이제 그것을 말로 합니다. '어찌하여 오늘 당신들의 얼굴에
근심의 빛이 있나이까.' 요셉은 그들을 존중하니 얼굴빛을 헤아리고
있었던 것입니다. 이 사람들은 간밤에 이상한 꿈을 꾸어서 얼굴빛
이 좋지 않았습니다. 그래서 요셉이 그들의 얼굴을 보며 '무슨 일이
있습니까?'라고 걱정해 주면서, 진심으로 우러나는 말로 두 사람에
게 말을 건넨 것입니다. 이렇게 말이 사람들의 관계를 좋게 만드는
것입니다. 요셉은 관계의 기술을 가진 사람입니다. 자기 곁에 있는

사람이 비록 죄수지만, 요셉은 그들을 존중하고 따뜻한 말을 할 줄 아는 사람이었습니다.

샘 레빈슨(Sam Levenson)은 〈세월이 일러주는 아름다움의 비결(Time Tested Beauty Tips)〉이라는 멋진 시를 썼습니다. 청순한 배우인 오드리 햅번은 이 시를 너무 좋아해서 그 시처럼 삶을 살았다고 합니다. 그녀는 어느 크리스마스이브에 자기 아이들을 불러놓고 이 시를 읽어 주었다고 합니다. 제가 그 시 몇 소절을 소개해 보겠습니다.

> 매력적인 입술을 갖고 싶으면 친절한 말을 하십시오.
> 사랑스러운 눈을 갖고 싶거든 사람들에게서 좋은 점을 보십시오.
> 날씬한 몸매를 갖고 싶다면 배고픈 사람들과 음식을 나누십시오.
> 아름다운 머릿결을 원한다면 하루에 한 번 어린아이에게 그대의
> 머리칼을 어루만지도록 하십시오.

그림같이 아름다운 시지 않습니까? 우리의 입술이 아름답기를 원한다면 사람들에게 친절한 말을 하라고 합니다. 우리가 입술에 립스틱을 짙게 바른다고 예뻐지는 것이 아니라 좋은 말을 하는 덕이 있는 입술이 향기 나는 입술이라는 것입니다.

우리 인생길은 만남의 연속입니다. 수많은 사람들과 만나고 헤어집니다. 주일마다 만나는 사람들이 있고 매일 붙어서 사는 가족들도 있습니다. 여러분의 삶을 한번 잘 돌아보시기 바랍니다. 관계

나의 소중한 자산은 가능성이다

를 잘 가꾸고 있는지, 존중함으로 따뜻한 말로 관계를 만들어 가고 있는지, 하나님이 주신 관계를 발로 차고 있지 않은지 살펴보시기 바랍니다. 세상에서 성공하는 것은 쉽지 않습니다. 하지만 신앙생활에 성공하는 것은 쉽습니다. 원하는 사람 누구든지 신앙생활에 성공할 수 있습니다. 우리 영혼이 잘되고 신앙생활 잘하는 것은 마음만 먹으면 누구든지 성공할 수 있습니다. 영혼이 잘되면 나머지는 문제가 없습니다. 잠언 16장 7절을 보면,

> 사람의 행위가 여호와를 기쁘시게 하면 그 사람의 원수라도
> 그와 더불어 화목하게 하시느니라

우리 인생의 핵심을 말합니다. 사람을 존중하고 따뜻한 말을 하시기 바랍니다. 그러나 그보다 먼저 하나님과의 관계가 좋아지기를 노력하며 기도하시기 바랍니다. 우리 인생길에서 최고의 만남이 있다면, 바로 예수님과의 만남입니다. 우리는 그 예수님 때문에 하나님께 더 가까이 갈 수 있습니다. '하나님을 가까이함이 내게 복이라'고 했습니다. 예수 이름으로 하나님을 더 가까이함으로 인생길이 복되고 형통한 삶을 살기를 축복합니다.

7장

감사, 내 인생의
건강지표

골 2:6-7

1 하나님은 우리의 피난처시요 힘이시니 환난 중에 만날 큰 도움이시라 **2** 그러므로 땅이 변하든지 산이 흔들려 바다 가운데에 빠지든지 **3** 바닷물이 솟아나고 뛰놀든지 그것이 넘침으로 산이 흔들릴지라도 우리는 두려워하지 아니하리로다 (셀라) **4** 한 시내가 있어 나뉘어 흘러 하나님의 성 곧 지존하신 이의 성소를 기쁘게 하도다 **5** 하나님이 그 성 중에 계시매 성이 흔들리지 아니할 것이라 새벽에 하나님이 도우시리로다 (시46:1-5) **6** 그러므로 너희가 그리스도 예수를 주로 받았으니 그 안에서 행하되 **7** 그 안에 뿌리를 박으며 세움을 받아 교훈을 받은 대로 믿음에 굳게 서서 감사함을 넘치게 하라

누구나 건강검진을 하고 난 다음에 결과를 기다리는 초조한 마음을 아실 것입니다. 아마 누구도 예외가 없을 것입니다. 건강검진을 하면 가장 기본적으로 소변과 대변 검사를 합니다. 우리 몸속에서 나온 것들을 분석하면 우리 몸의 건강 상태를 대략적으로 알 수 있습니다. 그것처럼 우리 영혼의 건강 여부를 알아보는 지표가 있습니다. 그

것은 우리 입에서 나오는 말입니다. 불평하고 원망하며 늘 비관적인 말을 하는 사람이 있는가 하면, 늘 믿음의 말을 하고 긍정적이며 감사하는 사람이 있습니다. 어떤 말을 하는 사람이 더 건강하겠습니까?

우리가 젊을 때는 건강에 해로운 음식을 먹지 말라는 말이 귀에 잘 들어오지 않습니다. 왜냐하면 젊고 건강해서 무엇을 먹어도 괜찮기 때문입니다. 그러다가 건강을 잃고 나면 그제야 건강이 얼마나 소중한지를 알게 됩니다. 있을 때는 잘 모르다가 떠나고 나면 아쉬워하는 것이 인간의 연약함인 것 같습니다. 건강할 때 건강을 잘 지키는 것이 얼마나 중요하겠습니까? 그래도 우리 몸에 병이 찾아왔을 때 의사에게 치료를 받고 회복이 되면 좋은 일입니다. 하지만 그보다 병들기 전에 예방하는 것이 훨씬 더 좋습니다. 우리 모두는 건강한 삶을 추구하는데, 저 역시 담임목사로서 우리 교회 온 교우들의 몸과 마음, 정신도 건강하기를 바랍니다.

우리는 주로 몸의 건강을 생각합니다. 하지만 그에 못지않게 마음 건강이 중요합니다. 왜냐하면 마음이 병들면 인생이 망가지기 때문입니다. 사람이 나이가 들어 치매를 앓게 되면 그동안 소중했던 모든 기억들, 추억들을 다 잊어버립니다. 평소 알고 지내던 사람 중 치매에 걸린 사람을 만나서 이야기하다 보면 전혀 다른 사람과 대화하는 것 같습니다. 몸은 멀쩡한데 생각이 병들어 버리니 남과 같습니다. 몸은 우리 어머니인데, 너무나 따뜻한 엄마의 모습인데, 기억을 잃어버리면 남과 같습니다. 그래서 '건강' 하면 몸뿐만 아니라 마음과 정신까지 건강해야 온전히 건강한 인생이라고 할 수 있습니다.

오늘 말씀의 제목이 '감사, 내 인생의 건강지표'입니다. 감사로 그 사람의 건강을 알 수 있습니다. 그리고 건강한 사람이 감사할 수 있습니다. 또 반대로 우리의 입술이 늘 감사함으로 우리 인생 자체가 건강해질 수가 있습니다. 오늘 말씀을 통해 몸과 마음과 정신과 영혼까지 건강해지기를 예수님 이름으로 축복합니다.

두려워하지 않아도
되는 이유

오늘 본문인 시편 46장은 '고라 자손의 시'라고 표기되어 있습니다. 이 시는 열왕기하 19장이 배경입니다. 이 배경으로 시를 썼는데 열왕기하 19장에 어떤 일이 있었을까요? 그 당시에 최대의 강대국 앗수르가 예루살렘을 침공합니다. 18만 5천 명이라는 엄청난 군사들이 예루살렘을 에워쌉니다. 지금도 18만 5천 명이라고 하면 엄청난데 그 당시 인구가 별로 없을 때에 18만 5천 명이 예루살렘에 진격했다는 것은 대단한 일입니다. 마치 모래알처럼 많은 사람들입니다. 그 당시에 남유다의 왕이 히스기야였습니다. 히스기야가 감당할 길이 없어 괴로워하다가 산헤립이 쓴 편지를 성전에 올려놓고 기도하던 내용이 시편 46장 배경입니다. 그 당시 18만 5천 명이 공격해 올 때의 느낌을 본문 2~3절에 이렇게 기록합니다.

그러므로 땅이 변하든지 산이 흔들려 바다 가운데에 빠지든지
바닷물이 솟아나고 뛰놀든지 그것이 넘침으로 산이 흔들릴지
라도 우리는 두려워하지 아니하리로다 (셀라)

그때 그 상황을 땅이 변하고 산이 흔들려서 바다 가운데 빠진 것 같다고 표현합니다. 그리고 바닷물이 솟아나고 바닷물이 뛰논다는 표현을 썼는데 요즘 말로 하면 해일이 일어난 것 같다는 말입니다. 이것은 천재지변입니다. 산이 흔들리는 상황은 사람의 한계를 벗어난 상황입니다. 그러다 보니 사람들이 두려워 혼비백산하고 절망 속에 빠져버리는 것입니다. 이런 일들이 예루살렘에 일어났습니다. 사람들은 자기 능력의 한계를 벗어나면 패닉에 빠져버립니다. 두려움 그 너머로 빠져버립니다. 살다 보면 이와 같은 동일한 상황은 아닐지라도, 우리 한계 밖의 어려움을 만나 두려움과 불안함에 사로잡혀 잠 못 이루는 순간들을 맞을 때도 있습니다. 이런 상황은 누구라도 두려워합니다.

삼성경제연구소에서 『리더의 인생 수업』이라는 책을 발간했습니다. 한 기업을 운영하는 뛰어난 리더들, CEO들도 두려워하는 것이 있다고 합니다. 그래서 『리더의 인생 수업』에서 사람이 두려워하는 대표적인 4가지를 이야기합니다. 사람이면 누구도 예외 없이

나의 소중한 자산은 가능성이다

두려워하는 것이 있는데, 첫 번째 두려움은 건강에 대한 두려움입니다. 모두가 다 건강에 대한 두려움이 있습니다. '지금은 건강하지만 혹시 내 몸에 병이 있으면 어떡하지?'하는 두려움을 가지고 산다고 합니다. 두 번째 두려움은 실패에 대한 두려움입니다. '지금 내가 하는 사업이 잘되고 있고, 지금 우리 가정은 아무 어려움 없다 할지라도 혹시 앞으로 잘못되는 어떡하지?' 하고서 전전긍긍하며 실패의 두려움을 가지고 있다고 합니다. 세 번째 두려움은 이별에 대한 두려움입니다. 사랑하는 사람을 잃어버리거나, 사랑하는 사람이 떠나버리는 이별에 대한 두려움이 우리 속에 잠재되어 있다는 것입니다. 마지막 네 번째 두려움은 죽음에 대한 두려움입니다. 그 누구도 예외 없이 죽음에 대한 두려움을 품고 있습니다. 이 네 가지 두려움을 가슴에 품고 살아간다고 합니다.

우리가 두려움을 만날 때 스스로 해결할 수 있다면 무엇이 두렵겠습니까? 자신의 힘으로 이길 수 있다면 아무도 두려워하지 않습니다. 그러나 자신의 한계에 부딪히고 자신의 한계 너머의 일을 만나면 두려워하고 극도의 공포에 빠지게 됩니다. 우리가 이렇게 두려워하는 것을 너무 잘 아시는 하나님은 이 상황에서 무엇이라고 말씀하실까요? 바로 '두려워하지 말라'입니다. 성경은 계속해서 반복적으로 두려워하지 말라고 말씀합니다. 이사야 41장 10절의 말씀입니다.

두려워하지 말라 내가 너와 함께 함이라 놀라지 말라 나는 네
하나님이 됨이라 내가 너를 굳세게 하리라 참으로 너를 도와
주리라 참으로 나의 의로운 오른손으로 너를 붙들리라

하나님은 계속해서 두려워하지 말라고 말씀하십니다. 하나님이
두려워하지 말라고 하실 때는 두려워하지 않아도 될 이유가 있습니
다. 사람들은 슬퍼서 괴로워 우는 사람들에게 "울지 마세요. 괜찮을
거예요"라고 말하지만 이 말은 위로를 할 수는 있어도 울지 않아도
될 이유를 제시하지 못합니다. 눈물을 닦아 줄 수는 있지만, 흐르는
눈물을 멈추게 할 힘이 없습니다. 하지만 하나님이 두려워하지 말
라고 말씀하실 때에 우리는 두려워하지 않을 이유를 충분히 가지고
있습니다. 그 이유가 무엇일까요? '두려워하지 말라. 내가 너와 함께
함이라.' 하나님이 함께 계시기 때문에 두려워할 이유가 없습니다.
'놀라지 마라. 나는 너의 하나님이 됨이라. 내가 너를 굳세게 할 거
야. 참으로 내가 너를 도와줄 거야. 나의 의로운 오른손으로 너를 붙
들어줄 거야. 그러니까 너는 두려워하지 마라'라고 하나님이 말씀
하십니다. 우리에게 두려움이 몰려올 때에 그 두려움을 이길 만한
힘이 있다면 누가 두려워하겠습니까? 그리고 우리에게는 힘이 없
어도, 그것을 이겨낼 만한 능력 있는 사람이 도와준다면 두려울 게
없을 것입니다. 우리는 무능하고 무지하고 연약하지만 우리 곁에는
하나님이 계심을 믿으시길 바랍니다. 하나님이 '두려워하지 말라

내가 너와 함께 하리라'라고 말씀하십니다. 오늘 본문 1절입니다.

하나님은 우리의 피난처시요 힘이시니 환난 중에 만날 큰 도
움이시라

두려울 때는 하나님이 보이지 않습니다. 그러니까 두렵습니다. 그러나 두려움의 반대편은 언제나 하나님이 계십니다. 우리는 어려움이 생길 때 해결 방안을 찾습니다. 그런데 하나님은 해결 방안 정도가 아닙니다. 그 두려움을 무력화시킬 수 있는 강력한 힘을 가진 분이십니다. 그런 분이 우리 곁에 계신다는 것입니다. 두려움의 반대편에는 방안이 있는 것이 아니라 하나님이 계신 줄 믿으시길 바랍니다. 우리의 모든 두려움 그 반대편에 하나님이 살아계십니다.

'환란'은 인간이 감당할 수 없는 어려움을 이야기합니다. '내 한계 밖의 일'입니다. 그럴 때 사람들은 괴로워하고 패닉에 빠집니다. 저도 그런 경우를 만난 적이 있습니다. 우리나라 메이저 병원인 삼성병원에서 건강검진을 한 후에 담도에 종양이 발견되었습니다. 그 3개월 동안은 정말 힘들었습니다. 그때 '하나님은 나의 피난처가 되시고 나의 힘이시니 환란 날에 피할 바위시고 환란 날에 나의 도우심이라'는 사실을 고백하면서 인간의 약함을 알게 되고 하나님의 위대하심을 보게 되었습니다. 하나님은 우리의 피난처가 되시고 환란 중에 우리의 힘과 도움이십니다. 제가 그때 가장 많이 불렀던 찬

송이 '나의 피난처 예수 의지해요, 나의 피난처 예수 의지해요'입니다. 제가 평소에도 많이 불렀지만 그때는 특별히 더 많이 불렀습니다. 그런데 환란 날에 이 찬송을 부르니 내용이 다르게 다가왔습니다. 같은 곡, 같은 가사인데도 온 마음을 쏟아 '나의 피난처 예수 의지해요'를 불렀습니다. 목양실에서 혼자 손들고 눈물을 흘리면서 진정으로 하나님을 의지하며 찬양했습니다. '나의 가는 길에 거센 바람 몰아쳐 와도 나의 피난처 예수 의지해요'를 얼마나 애절하게 불렀는지 모릅니다. 그렇게 환란 날에 주님이 나의 큰 도움이신 것을 고백하고 찬양을 부르니 3개월을 지나 그 환란에서 벗어나게 되었습니다.

오늘 이곳에 나름대로 말 못 할 두려움을 가지고 있는 분이 있으십니까? 자신이 감당할 수 없는 한계 상황에 처한 분이 있으십니까? 불안함 때문에 잠 못 이루는 분이 있으십니까? 여러분 곁에 하나님이 계심을 믿으시길 바랍니다. 하나님이 여러분의 피난처이심을 믿으시길 바랍니다. 예수님이 우리의 피난처가 되십니다.

이 찬양을 고백하고 입술로 선언하고 백 번, 천 번, 만 번을 찬양하면, 우리 주님이 피난처가 되셔서 넉넉히 그 환란에서 벗어나게 하실 줄 믿습니다. 하나님은 전능하신 분입니다. 하나님은 살아계십니다. 삶의 두려움 반대편에 하나님이 계십니다. 어려움 당하는 지금은 하나님이 보이지 않을지라도 하나님은 여전히 살아계십니다. 이 한 문장이 하나님의 사랑을 보여주는 문장입니다. 하나님의 살아계심이 믿어질 때 인간의 모든 걱정들이 힘을 잃어버립니다. 우리의 모든 두려움과 불안함이 하나님이 살아계신다고 믿는 그 순간에 다 떠나가게 되어 있습니다. 하나님이 살아계십니다. 환란 날에 만날 큰 도움이신 하나님이 살아계십니다. 이렇게 하나님은 분명히 살아계시는데 관건은 우리가 그 하나님을 얼마나 믿고 신뢰하느냐입니다.

두 가지 믿음

믿음에는 두 종류가 있습니다. 첫 번째 믿음은 지적인 믿음입니다. 우리가 배워서 아는 것입니다. 이것은 이론적인 믿음입니다. 이것은 '하나님에 대해서 아는 것'입니다. 하나님을 정보로 알고 믿는 것입니다.

두 번째 믿음이 있습니다. 그것은 '하나님을 아는 믿음'입니다. 하나님을 일대일로 경험한 믿음입니다. 이론적인 믿음도 필요하고, 경험적인 믿음도 필요합니다. 그런데 사람이 큰 어려움을 만나면 이론적인 믿음은 힘을 잃어버리고 주저앉아버립니다. 믿음이 사라져 버립니다. 하지만 삶의 여정 속에 하나님을 경험했던 믿음의 사람들은 환란이 오면 올수록 더 하나님을 의지하게 됩니다. 시편 46장을 기록한 사람이 바로 하나님을 경험한 사람입니다. 산헤립이 18만 5천 명을 몰고 왔지만 하나님이 하룻밤에 다 멸해버렸습니다.

이 하나님을 경험한 사람들은 어려움이 와도 '나는 두려워하지 아니하리로다'라고 경험적인 믿음을 고백하는 것입니다.

목사 초년 시절 여고에서 교목으로 섬긴 적이 있습니다. 어느 날 수업에 들어가서 출석을 부르는데 반 아이들 몇 명이 결석을 해서 어디 갔냐고 물어보니까 미국의 남성 5인조 그룹인 '뉴키즈 온더 블록' 내한 공연에 갔다는 것입니다. 그 당시 아이들만 그런 것이 아닙니다. 지금 우리가 사는 이 시대도 자기가 좋아하는 연예인들에 대해 팬심이 있어서 공연이 있다고 하면 그곳으로 몰려갑니다. 그런데 그 아이들이 자신이 좋아하는 연예인을 개인적으로 알고 지내는 것은 어렵습니다. 그 사람을 만나서 밥을 같이 먹고 차를 한잔 마시면서 삶의 이야기를 나눌 수는 없습니다. 그래서 그 사람에 대해서는 알지만 그 사람을 알지는 못합니다. 이처럼 '하나님에 대해서'는 많이 아는데, 하나님을 경험하지 못해 하나님을 알지 못하는 사람들이 있습니다. 그러니까 하나님은 분명히 살아계시는데 경험한 적이 없어서 두려움 속에서 좌절할 수밖에 없는 것입니다. 그래서 하나님은 시편 34장 8절에 이렇게 말씀합니다.

> 너희는 여호와의 선하심을 맛보아 알지어다 그에게 피하는 자는 복이 있도다

하나님의 선하심과 위대하심을 경험하라는 것입니다. '맛보아

나의 소중한 자산은 가능성이다

일지어다'는 경험하라는 것입니다. 그래서 그에게 피하는 자는 누구든지 복 있는 사람이라고 합니다. 사랑하는 여러분, 하나님을 경험하시기를 바랍니다. 이론적인 하나님을 뛰어넘어서, 하나님을 경험한 믿음을 갖기를 예수 이름으로 축복합니다.

이때 우리가 오해하지 말아야 할 것이 있습니다. '하나님을 만났다', '하나님을 경험했다'는 것은 우리의 눈으로 사람을 보듯이 하나님을 보는 것이 아닙니다. 우리가 육신의 귀로 사람의 음성을 듣듯이 하나님의 음성을 듣는 것이 아닙니다. 맑은 내 영혼 깊은 곳에서 하나님의 살아계심이 느껴지는 것입니다. 고요한 마음에 주님의 임재를 경험하게 되는 것입니다. 한 번도 눈으로 본 적도, 귀로 들은 적도, 손으로 만진 적도 없지만, 강렬하게 하나님이 믿어지고 하나님의 위대하심을 경험할 수 있습니다. 어떻게 우리가 하나님을 경험할 수 있을까요? 잠언 8장 17절에 우리가 하나님을 경험할 수 있는 방법을 한 줄로 요약해서 알려 줍니다.

나를 사랑하는 자들이 나의 사랑을 입으며 나를 간절히 찾는 자가 나를 만날 것이라

사랑하는 사람이 사랑을 받는 것은 너무 당연합니다. 하나님을 사모하고 간절히 찾는 자가 하나님을 만나는 것도 너무 당연합니다. 하나님을 경험하고 싶거든 하나님을 사랑하고 하나님을 간절히

사모하십시오. '간절히 찾는 자가 나를 만날 것이니라'라고 하셨습니다. 평소에 아무 일이 없고 부족한 것이 없을 때는 하나님을 찾지 않습니다. 세상에서 즐길 것 다 즐기면서 하나님을 찾지 않습니다. 그러니 하나님에 대한 경험이 없는 것입니다. 모든 것이 잘 돌아갈 때 하나님의 사랑을 경험하고 하나님을 사모하시기를 바랍니다. 하나님께 피하는 자에게 복이 있습니다.

내일부터 모든 교역자들이 금식 수련회를 떠납니다. 작년 이맘 때쯤 2박 3일 일정으로 다녀왔는데, 올해는 하루를 더해 3박 4일로 다녀올 예정입니다. 제가 미리 이야기했지만, 날짜가 다가오니까 다들 엄청 긴장하는 것 같습니다. 아마 할 수 없이 따라오는 교역자도 있을 것이고, '그래, 기왕 금식하는데 주님을 사모해야지'라는 마음으로 참석하는 교역자도 있을 것입니다. 제가 우리 교역자들을 골탕 먹이려고 그런 것이 아닙니다. 주의 길을 가겠다고 나선 사람들이 하나님을 경험하지 못하면, 신학교에서 배운 이론만 가지고는 주의 길을 가기가 어렵습니다. 이 경험이 없으면 어려운 일을 만날 때 주저앉아 버리고 떠나 버립니다. 하나님을 경험하는 가장 강력한 도구가 기도인데, 기도 중에서도 가장 강력한 기도가 금식 기도입니다. 왜 금식 기도가 강력할까요? 사람의 욕구 중 가장 기본적인 것이 식욕인데, 이것을 끊고 자신을 쳐서 복종시키는 기도이기 때문입니다. 하나님 앞에 완전히 복종시키는 것입니다. 가장 기본적인 욕구에 저항하니 온몸이 음식을 먹으라고 데모를 합니다. 이 데모를 견뎌

나의 소중한 자산은 가능성이다

내면 우리 영혼이 맑아지고, 마음이 단순해지고, 찌꺼기들이 다 빠져나가면서 하나님을 경험하게 됩니다. 영혼이 맑아지는 것입니다.

여름철에 다들 휴가를 가시지요? 이번 휴가는 어딘가로 떠나 즐기는 것만 하지 말고, 일대일로 하나님을 경험하고 만나는 시간을 한번 가져 보십시오. 하나님이 살아계시는데도 그것을 느껴본 경험이 없는 분들은 하나님이 얼마나 위대하신지 경험해 보시기 바랍니다. 저는 단순히 몸 건강만 얘기하는 것이 아니라, 마음과 정신, 영혼까지 건강해지라는 말씀을 드리는 것입니다.

넘치게 감사하라

구약의 하나님이 이스라엘에게 반드시 지키라고 명령하신 세 가지 절기가 있습니다. 첫 번째는 유월절입니다. 하나님이 애굽에서 이스라엘 백성들을 끌어내시고 애굽의 장자를 치시던 밤이 유월절입니다. 그리고 가나안에 들어가서도 그날을 잊지 말고 유월절을 지키라고 명령하십니다.

두 번째는 맥추절입니다. 출애굽기 23장 16절을 보면 맥추절을 지키라고 말합니다.

> 맥추절을 지키라 이는 네가 수고하여 밭에 뿌린 것의 첫 열매를 거둠이니라

맥추절은 수고하여 밭에 뿌린 것의 첫 열매를 거두는 시기입니다. 전반기에 거둔 첫 열매를 거둘 때 감사 절기를 지키는 것입니다. 그리고 세 번째는 수장절을 지키라고 합니다. 수장절은 한 해 농사를 마무리짓고 곡식을 저장하면서 지키던 절기입니다.

> 수장절을 지키라 이는 네가 수고하여 이룬 것을 연말에 밭에
> 서부터 거두어 저장함이니라

이렇게 세 절기, 유월절과 맥추절과 수장절을 지키라고 하십니다. 이 세 절기의 공통점이 무엇일까요? 그것은 다 감사 절기입니다. 우리가 평소에도 감사하는데, 이렇게 절기를 주시면서 왜 특별히 감사하라고 하실까요? 여기에는 하나님의 뜻이 있습니다. 신명기 10장 13절에서 그 이유를 설명합니다.

> 내가 오늘 네 행복을 위하여 네게 명하는 여호와의 명령과 규
> 례를 지킬 것이 아니냐

'내가 네게 명령하고 네게 지키라고 한 그 규례들은 다 이유가 있어. 바로 너희의 행복을 위해서다'라고 하십니다. 이 말씀이 부담스러운 사람도 있을 것입니다. 하지만 하나님은 분명하게 말씀하셨습니다. '너의 행복을 위해서 이 명령을 하는 거야. 네가 감사의 절기를

나의 소중한 자산은 가능성이다

지킴으로 감사의 훈련을 하게 되고 결국에 네가 행복해지는 거야. 감사해야 네 인생이 건강해진다'라고 말씀을 하시는 것입니다.

저는 새벽 기도를 마치면, 특별한 스케줄이 없거나 비가 오지 않으면 자전거를 타고 강을 건너서 양평 쪽으로 다녀옵니다. 자전거 길 옆에 쉬는 곳이 있어서 자전거를 타다가 쉴 때가 있습니다. 땀도 닦고 물도 마시고 다시 숨을 고르기도 합니다. 그런데 건강을 위해서 자전거를 타고 잠시 쉬면서 담배를 피우는 사람이 있습니다. 평소에 담배 피우는 것도 몸에 해롭지만, 자전거를 탄 다음에 담배 피우는 것은 정말 나쁩니다. 저는 의사가 아니지만 상식적으로 생각해도 그렇습니다. 이때는 숨이 가빠져서 더 많은 공기를 흡입하기 위해 폐가 열려 있기 때문에 담배 연기가 더 깊이 폐로 스며들지 않겠습니까? 너무나 당연한 이야기입니다. 아무리 열심히 운동해도 몸에 좋지 않은 것들을 먹거나, 흡연하거나 술을 마시면 몸이 나빠지는 것입니다. 그런데 담배 피우는 것보다 더 해롭고 더 나쁜 것이 있습니다. 담배 연기는 우리 몸만 망가뜨리지만, 우리 인생을 망가뜨려 버리는 것도 있습니다. 바로 원망과 불평입니다. 자기도 모르게 원망하고 불평하면 맑은 인생 가운데 먹구름이 끼게 만드는 것입니다. 원망하고 불평해서는 인생이 건강할 수가 없습니다.

의사이면서도 목사인 황성주 박사는 암의 원인이 스트레스 때문이라고 합니다. 스트레스가 계속 쌓여 병이 된다는 것입니다. 심리학자들도 상한 감정, 억울한 감정이 해소되지 않으면 그것이 계속 쌓여서 중한 병이 된다고 합니다. 황성주 박사는 암의 원인인 스트레스를 줄이는 방법으로 '감사'를 제안합니다. 감사하면 이 스트레스를 3분의 1로 줄일 수 있다고 합니다. 감사하면 우리 몸속에 있는 내분비 계통이 안정된다고 합니다. 그래서 감기도 잘 걸리지 않는다고 합니다.

저도 목회하면서 이것을 몸소 경험했습니다. 스트레스가 쌓였을 때 몸이 여기저기 아팠습니다. 그러다가 나중에는 장이 멈춰 버려 움직이지 않는 것입니다. 그래서 응급실에 간 적이 있습니다. 무엇을 잘못 먹은 것이 아니라 스트레스 때문에 내분비 계통에 문제가 생긴 것입니다. 그런데 감사하니까 원활하게 내분비 계통이 잘 움직이게 되었습니다. 감사하면 손 쓸 수 없던 암 환자도 병의 진행이 멈춘다고 합니다. 감사는 우리 마음의 해악을 막는 방화벽과 같은 역할을 합니다. 그런 의미에서 '감사'는 단순한 단어가 아닙니다. 감사는 하나님의 강력한 에너지입니다. 우리가 감사하면 그 에너지가 우리 속에 들어오고, 하나님의 능력이 우리 속에서 역사하기 시작합니다. 골로새서 2장 6~7절은 다음과 같이 말씀하고 있습니다.

> 그러므로 너희가 그리스도 예수를 주로 받았으니 그 안에서
> 행하되 그 안에 뿌리를 박으며 세움을 받아 교훈을 받은 대로
> 믿음에 굳게 서서 감사함을 넘치게 하라

'너희가 그리스도 예수를 주로 받아서 하나님의 자녀가 되었으니 그 안에 뿌리를 박아라. 그 안에서 세움을 받아라. 그 안에 교훈을 받은 대로 믿음에 굳게 서라. 그리고 감사함을 넘치게 하라'는 것입니다. 여기에 나오는 동사들은 모두 수동태인데 오직 마지막에 감사함을 넘치게 하라는 것만 능동태입니다. 우리가 하는 것입니다.

예수 믿는 사람들은 "흔들리지 마라. 믿음 위에 굳게 서야 해. 믿음을 붙잡아야 해"라는 말을 많이 듣습니다. 믿음 위에 굳게 서라는 것입니다. 그런데 믿음이 마지막이 아닙니다. 한 걸음 더 나아가, 믿음 위에 굳게 서는 것을 넘어 감사함을 넘치게 하라는 것입니다. 우리 그리스도인들의 마지막이 감사하는 것입니다. 여러분, 감사할 때 우리의 인생 자체가 건강해집니다. 그래서 감사가 인생 건강의 지표입니다.

예수 믿는 우리들은 남은 인생을 어떻게 살아가야 할까요? 오늘 본문에서는 감사를 넘치게 하라고 하십니다. '감사'하되, 더 나아가 '넘치게 하라'고 합니다.

저는 이번 한 주간 동안 '믿음 위에 굳게 서서 감사함을 넘치게 하라'는 본문의 말씀을 가슴에 품고 넘치게 감사하는 게 어떤 것인지 묵상했습니다. 그냥 감사하는 정도가 아니라 넘치게 하는 감사를 두 가지로 요약할 수 있습니다. 첫 번째는 시편 116장 12절을 통해서 확인할 수 있습니다.

'내게 주신 모든 은혜', 지나간 날들, 우리 인생 여정 속에 베풀어 주셨던 하나님의 은혜를 기억하면서 감사하는 것입니다. 이것은 너무 중요하고 당연한 감사입니다.

두 번째는 시편 31장 15절입니다.

나의 앞날이 주의 손에 있사오니 내 원수들과 나를 핍박하는
자들의 손에서 나를 건져 주소서

'나의 앞날', 지나온 날들뿐만 아니라 살아갈 앞날에 무슨 일이 벌어질지 모릅니다. 그러나 '하나님을 내가 믿습니다. 하나님을 신뢰합니다'는 믿음으로 감사하는 것입니다.

이번 한 주간 동안 묵상한 '감사함을 넘치게 하라'는 지나간 날들, 살아갈 날, 그리고 오늘 현재에 감사하는 것입니다. 이것이 감사함을 넘치게 하는 그리스도인의 모습입니다. 이것을 통해서 우리가 건강한 모습으로 살아갈 수가 있습니다. 그 대표적인 사람이 다니엘입니다. 다니엘은 믿음과 신앙의 정조를 지켰는데 사자굴 속에 들어가 죽게 되었습니다. 얼마나 억울했겠습니까? 그런데도 다니엘은 하나님께 섭섭함을 토로하거나 원망하고 불평하지 않습니다. 다니엘 6장 10절을 보면,

다니엘이 이 조서에 왕의 도장이 찍힌 것을 알고도 자기 집에 돌아가서는 윗방에 올라가 예루살렘으로 향한 창문을 열고 전에 하던 대로 하루 세 번씩 무릎을 꿇고 기도하며 그의 하나님께 감사하였더라

다니엘은 죽게 되었지만 '전에 하던 대로' 하루 세 번씩 무릎을 꿇고 기도하며 그의 하나님께 감사하였다고 합니다. '전에 하던 대로' 지나간 날들도 감사했습니다. 이제 앞으로 죽을지 살지 모르지만 그래도 하루 세 번씩 하나님께 감사하였습니다. 이것이 그리스도인의 삶의 모습입니다. 이것이 감사가 넘치는 삶의 모습입니다. 여러분 감사하십시오. 그러면 인생이 건강해집니다. 지난날을 감사하고, 살아갈 날을 감사하고, 오늘 감사하십시오.

골로새서 2장 6~7절 말씀으로 오늘 말씀을 마무리하겠습니다.

그러므로 너희가 그리스도 예수를 주로 받았으니 그 안에서 행하되 그 안에 뿌리를 박으며 세움을 받아 교훈을 받은 대로 믿음에 굳게 서서 감사함을 넘치게 하라

여러분의 인생이 이런 건강한 인생이 되기를 예수 이름으로 축복합니다.

PART 2

희망의 편지

8장

당신의 말 속에
미래가 있다

마 10:12-13

20 사람은 입에서 나오는 열매로 말미암아 배부르게 되나니 곧 그의 입술에서 나는 것으로 말미암아 만족하게 되느니라 **21** 죽고 사는 것이 혀의 힘에 달렸나니 혀를 쓰기 좋아하는 자는 혀의 열매를 먹으리라 (잠18:20-21) **12** 또 그 집에 들어가면서 평안하기를 빌라 **13** 그 집이 이에 합당하면 너희 빈 평안이 거기 임할 것이요 만일 합당하지 아니하면 그 평안이 너희에게 돌아올 것이니라

오늘 메시지는 '당신의 말 속에 미래가 있다'입니다.

오늘은 4월 셋째 주일인데 1년 중에 4월, 5월은 가장 아름다운 계절입니다. 왜 그럴까요? 이 계절에 아름다운 꽃들이 피기 때문입니다. 그래서 4월, 5월은 눈부신 계절, 향기 나는 계절입니다. 누구나 꽃을 좋아하지 않습니까? 그래서 꽃이 피면 각 지역마다 꽃 축제가

열립니다. 올해도 곳곳에 벚꽃 축제가 예정되어 있었는데 날씨 때문에 꽃이 늦게 핀 것입니다. 평소처럼 벚꽃 축제 일정을 정하고 광고했는데 꽃이 피지 않은 것입니다. 속초시 영랑호 벚꽃 축제도 마찬가지였답니다. 꽃 축제를 광고하고 현수막도 걸어두었는데 꽃이 피지 않은 것입니다. 이런 황당한 상황에서 한 지방자치단체가 이런 현수막을 걸었다고 합니다.

> 죽을 죄를 지었습니다. 하늘을 이길 수가 없었습니다.

아주 멋진 구절인 것 같습니다. 꽃이 피기를 바랐는데, 하늘을 이길 수 없었다는 것입니다. 아마 이 문구를 만들어 낸 공무원은 하나님을 경외하는 사람이 아닐까 싶습니다. 어쨌든 세상의 모든 사람은 꽃을 보고 행복해하고 꽃향기를 맡으며 좋아합니다. 아마 꽃을 좋아하지 않는 사람은 거의 없을 것입니다.

누구나 꽃을 좋아하지만, 그 꽃을 피워내신 분은 하나님이십니다. 꽃은 우리에게 주신 하나님의 사랑의 편지가 아닐까요? 활짝 피어나는 꽃을 보면서 우리를 향해 활짝 웃는 하나님의 미소를 느낄 수 있습니다. 꽃 한 송이가 하나님을 표현해 냅니다. 하나님의 미소를, 하나님 편지를 표현해 냅니다.

나의 소중한 자산은 가능성이다

입술을 제어하는 지혜

우리는 이 땅에 살면서 무엇을 표현하며 살고 있습니까? 성경은 예수 믿는 사람들을 그리스도의 편지라고 기록했습니다. 그리고 그리스도의 향기라고 말합니다. 다른 말로 하면 세상의 꽃이라는 것입니다. 세상 사람들은 우리를 통해 하나님을 볼 수 있습니다. 그래서 우리가 그리스도의 편지입니다. 우리의 얼굴을 보고 우리가 하는 말을 들으면서 하나님이 계시는 것을 느끼게 하는 것입니다. 그래서 우리는 그리스도의 향기고 그리스도의 편지라고 할 수 있습니다. 이렇게 우리의 얼굴, 우리가 하는 말이 너무나 중요합니다.

미국을 대표하는 국민 교사인 할 어반(Hal Urban)이 저술한 『긍정적인 말의 힘』에서 이렇게 말합니다. 천사와 악마의 차이는 겉모습이 아니라고 합니다. 이 둘의 차이는 말에 있다고 합니다. 고린도후서 11장 14절에 동일한 말씀을 하고 있습니다.

> 이것은 이상한 일이 아니니라 사탄도 자기를 광명의 천사로 가장하나니

우리를 찾아와서 유혹하고 넘어뜨리는 사탄이 피를 흘리고 이빨을 드러내고 험악한 얼굴로 다가오면 아무도 유혹받지 않습니다. 당장 마귀인 줄 알기 때문에 방어합니다. 그런데 사탄이 광명한 천

사처럼 가장해서 다가오기 때문에 악마인지 천사인지 구분이 되지 않는다는 것입니다. 세상에 험악한 얼굴을 가진 사기꾼은 없습니다. 험악한 얼굴로는 사기를 칠 수 없습니다. 악마일수록 천사처럼 가장한다는 것입니다. 그래서 겉모습을 보는 것이 아니라, 그가 하는 말을 들어보면 악마인지 천사인지 구분이 된다고 합니다.

우리는 하루 종일 말을 하고 있는데, 어떤 말을 하고 사십니까? 우리가 말을 할 때 그 말을 듣는 사람에게 웃음을 줄 수도 있고 기쁨을 줄 수도 있습니다. 또 어떤 때는 우리 말 때문에 슬프게 할 수도 있고 상처를 줄 수도 있습니다. 그만큼 말에 힘이 있다는 것입니다. 그뿐만 아니라 우리가 하는 말 속에 미래가 있습니다. 말 속에 우리 삶의 미래가 있다는 것을 성경은 확실하게 이야기하고 있습니다. 잠언 18장 20절입니다.

> 사람은 입에서 나오는 열매로 말미암아 배부르게 되나니 곧
> 그의 입술에서 나는 것으로 말미암아 만족하게 되느니라

입으로 들어가는 음식 때문에 삶이 좌우되는 것이 아니라, 입에서 나오는 말 때문에 삶이 결정된다는 뜻입니다. 사람은 입에서 나오는 열매, 즉 이 말을 통해서 배부르게 됩니다. 입술에서 나오는 말을 통해 판단도 받고 상도 받습니다. 그것을 통해서 만족하기도 하고, 아주 험한 인생을 살아갈 수도 있다는 것입니다. 그만큼 말이 중

요합니다. 우리의 말이 인격이고, 우리의 말이 인생이 됩니다. 한 걸음 더 나아가서 그 다음 절인 21절을 보면 더 강하게 말합니다.

죽고 사는 것이 혀의 힘에 달렸나니 혀를 쓰기 좋아하는 자는
혀의 열매를 먹으리라

사람이 죽고 사는 것도 혀의 힘에 달렸다는 것입니다. 우리가 입을 다물고 있으면 혀는 보이지도 않습니다. 우리 몸 지체 중에 혀는 작은 것입니다. 그런데 혀의 힘이 얼마나 센지 죽고 사는 것이 혀의 힘에 달렸다고 합니다. 그래서 혀 쓰기를 좋아하는 자는 혀의 열매를 먹는다고 합니다. 말하는 대로 우리 인생이 결정된다는 이야기를 합니다. 오늘 우리가 어떤 말을 하고 살아가는지 자신을 돌아보고, 우리 말 속에 우리 삶의 미래가 있다는 것을 기억하는 시간이 되면 좋을 것 같습니다.

이기주 작가의 『언어의 온도』라는 책을 보면, 사람의 말에는 온도가 있다고 합니다. 우리 몸에 체온이 있는 것처럼, 마음에 용기를 주고 격려하고 희망을 주는 따뜻한 온도를 가진 말도 있고, 싸늘한 비수 같은 온도를 가진 말도 있다는 것입니다. 그는 책에서 '말 무덤'이라는 것을 이야기합니다. 언총(言塚), 즉 말을 땅에 묻는 것입니다. 사람을 땅에 묻는 무덤은 알고 있지만, 말을 땅에 묻은 '말 무덤'은 그 책을 보고 처음 알았습니다. 경북 예천군 지보면 대죽리 156-1번

지에 '말무덤'이 있다고 합니다. 이 '말 무덤'은 어떻게 생겼을까요? 500년 전에 한대마을에는 여러 성씨들이 모여 살고 있었는데 사소한 말 때문에 문중들 간에 싸움이 그칠 날이 없었다고 합니다. 그래서 마을 어른들이 모여서 싸우지 않고 평화롭게 살 수 있는 방법을 고민하다가 말 무덤을 만들었습니다. 쓸데없는 말들은 땅에 다 묻어버리고 장례를 치르고 말 무덤을 만들었답니다.

　이렇게 우리가 하는 말 중에 쓸데없는 말들이 있습니다. '기분 나쁘게 들릴지는 모르겠지만…' 이러면서 하는 말들은 다 쓸데없는 말입니다. 이런 말은 안 하는 것이 더 좋습니다. 또 이런 말도 합니다. '네가 걱정돼서 하는 말인데…' 이것은 남의 인생에 끼어드는 것입니다. 함부로 남을 판단하고 정죄하는 말들 때문에 동네가 시끄러웠다는 것입니다. 그래서 그런 말들을 모아서 땅에 묻어버리는 말 장사를 지냈다는 것입니다. 그랬더니 그때부터 마을이 조용해졌다고 합니다. 저는 이것이 너무 신기했습니다. 말 무덤, 언총의 핵심이 무엇일까요? 그것은 바로 침묵입니다. 너무 말을 많이 하지 말고 땅속에 묻듯 묻어두라는 말입니다.

　영국의 역사 평론가인 토머스 칼라일(Thomas Carlyl)은 '웅변은 은이요, 침묵은 금이다(Speech is silver, silence is gold)'라는 말을 했습니다. 말을 유창하게 잘하는 것도 좋지만, 그보다 더 좋은 것은 말을 적게 하는 것, 즉 침묵이라는 것입니다. 잠언 10장 19절에 말이 많으면 허물을 면하기 어렵다고 합니다.

　　　　　　　　　나의 소중한 자산은 가능성이다

> 말이 많으면 허물을 면하기 어려우나 그 입술을 제어하는 자
> 는 지혜가 있느니라

말 잘하는 사람을 지혜롭다고 생각할 수 있지만, 진짜 지혜로운
사람들은 그 입의 말을 제어할 줄 압니다. 브레이크를 잡듯이 스스
로 말을 제어하는 것입니다. 그래서 꼭 필요한 말만 하는 것입니다.
이런 사람이 정말 지혜로운 사람이라는 것입니다.

말한 대로 돌아온다

말에 대해 또 한 가지 중요한 것은 바로 말의 온도입니다. 좋은
말도 톤을 높이거나 온도가 나쁘면 나쁜 말이 되어버립니다. 마음
이 삐뚤어진 사람들은 말의 온도가 좋지 않습니다. 말에 가시가 있
습니다. 좋은 말도 따뜻하지 않으면 나쁜 말이 되어 버립니다. 문제
는 그 말이 우리 인생에 영향을 끼친다는 것입니다. 사람들은 자신
에게 주어진 여러 여건들로 인해 인생이 결정된다고 생각하는데,
그렇지 않습니다. 확실한 것은 지금 하는 말, 이 말이 우리 삶에 영
향을 끼친다는 것입니다. 우리의 말 속에 우리의 미래가 열려 있습
니다.

미술 심리학자 존 버거(John Berger)는 젊은 대학생 청년들을 모아
놓고 흙판에 단어를 몇 개 적었다고 합니다. '늙은, 은퇴한, 힘이 없

는, 회색, 휴양지'와 같은 단어였습니다. 그리고 이 단어를 가지고 짧은 글을 지어보라고 했습니다. 젊은 청년들이 이 단어를 가지고 '나는 은퇴하면 조용한 휴양지에 가서 여생을 보내고 싶다', '도시가 너무 쓸쓸한 회색빛이네' 등의 글을 짓더라는 것입니다. 저마다 글짓기를 하게 한 뒤 문을 열고 밖으로 내보냈는데, 이 청년들이 나가서 걸어가는 걸음의 템포를 측정해 보니 이전보다 템포가 늦어졌다고 합니다. 기력이 없어진 것입니다. 그저 단어 몇 개, 회색빛 단어 몇 개, 어두운 단어 몇 개를 주고 잠시 생각하게 만들었더니 바로 삶의 템포가 늦어져 버렸다는 것입니다. 우리가 하는 말, 우리가 사용하는 언어는 확실히 우리 삶에 영향을 미칩니다. 그것이 반복되면서 인생이 되는 것입니다.

제가 주중에 우리 교회 성도의 사업장 몇 군데에 심방을 다녀왔습니다. 그중 한 곳은 학생들을 가르치는 아카데미였습니다. 문을 열고 들어가니 문 앞에 보이는 입구에 이전에 우리가 함께 나누었던 주제 2개가 보였습니다. 'Respect'와 'Trust'입니다. 이것은 '우리는 당신을 신뢰합니다. 우리는 당신을 존중합니다'라는 의미입니다. 이 아카데미에 들어온 사람들이 '당신을 존중합니다. 당신을 신뢰합니다'라는 글을 보는 순간에 얼마나 마음이 따뜻해지고 든든해지겠습니까? 우리가 쓰는 단어 하나, 언어 하나가 우리 몸과 삶에 영향을 미치는 것은 틀림없습니다.

사랑하는 여러분! 우리의 말 속에 우리의 미래가 있습니다. 야고

나의 소중한 자산은 가능성이다

보서 3장 4절에서도 말합니다.

또 배를 보라 그렇게 크고 광풍에 밀려가는 것들을 지극히 작

은 키로써 사공의 뜻대로 운행하나니

망망대해에 큰 배가 움직입니다. 바람 불고 파도가 칩니다. 그런데 배가 방향을 바꿀 때마다 무엇으로 바꿀까요? 그것은 배 후면에 있는 작은 키로 방향을 바꿉니다. 조그마한 키가 큰 배의 방향을 바꾸듯이, 우리 몸의 지체 중에 혀, 우리 입속에 있는 혀, 보이지도 않는 혀가 우리 인생의 방향을 바꾼다는 것입니다. 그만큼 중요하다는 것입니다. 우리의 인생을 바꾸는 것은 어떤 상황이 아닙니다. 우리가 하는 말, 이 말 속에 인생의 미래가 달려 있습니다.

'콩 심은 데 콩 나고 팥 심은 데 팥 난다'는 속담이 있습니다. 이는 자연의 섭리입니다. 하지만 심은 대로 거두는 것은 저절로 되는 것이 아닙니다. 하나님이 그렇게 만드셨습니다. 그래서 이것을 하나님의 법칙이라고 합니다. 우리는 너무나 당연하게 생각하지만 하나님이 만드신 법칙입니다. 심은 대로 결과가 나오는 것이 당연한 것처럼, 우리의 말을 심으면 반드시 말한 대로 나오게 되어 있습니다. 예수님이 우리에게 이것을 확실하게 가르쳐 줍니다. 마태복음 10장 12~13절을 보겠습니다.

제자들이 말한 그대로 돌아온다는 것입니다. 예수님이 열두 제
자를 보내시면서 어느 집에 가든지 무조건 그 집에 평안을 빌어주
고 축복해 주라고 합니다. 그러면 빌었던 그 축복이 그 집에 임하거
나, 합당하지 않으면 결국은 제자들에게 돌아온다는 것입니다. 예
수님도 심은 대로 거두게 된다는 말씀을 하고 있습니다. 창세기 12
장 2절은 하나님이 아브라함에게 하신 말씀입니다.

하나님이 아브라함에게 이 말씀을 하실 때, 그는 하란 땅에 살고
있는 한 노인에 불과했습니다. 한 촌부, 70세가 넘은 희망 없는 노인
입니다. 그런데 하나님이 그 노인에게 찾아와서 '내가 네게 복을 주
어서 네가 큰 민족을 이루고 네 이름을 창대하게 하리니 너는 복이
될지라'라고 말씀하신 것입니다. 지금은 이름 없는 촌부지만, 앞으
로 복이 된다는 것입니다. 'You will be a blessing' 너는 복의 근원이
될 것이라고 말씀하신 것입니다. 'Will' 미래를 이야기합니다. 세월

나의 소중한 자산은 가능성이다

이 흐른 다음에 아브라함은 하나님의 말씀대로, 축복대로 복의 근원이 됩니다. 우리에게도 하나님이 언제나 그렇게 말씀하십니다. 우리의 현재 상황은 어렵고 힘들지만 현재를 말하지 않고 미래의 축복, 예언적인 축복을 말씀하십니다. '너는 복이 될지라'라고 말씀하시는 것입니다.

박필 교수의 말 시리즈 5 『말과 축복』이라는 책에서 엄마가 아이에게 축복하는 이야기가 나옵니다. 아이가 엄마 따라 교회에 잘 나오니까 엄마가 아이에게 칭찬을 합니다. '우리 아이 참 예쁘네. 엄마 따라 예배도 잘 드리고…' 아이는 칭찬을 듣고 기뻐할 것입니다. 하지만 이것은 현재의 칭찬에 불과하지 않습니까? 오히려 그보다 더 좋은 축복은 '예배에 열심히 나오는 우리 아들, 예배 열심히 나오는 내 딸, 하나님이 너를 축복해서 너는 큰 인물이 될 거야'라고 하는 축복입니다. WILL의 축복이라는 것입니다. 미래를 예언해 주는 것입니다. 엄마는 한 번 말한 것에 지나지 않지만, 이 아이의 마음속에 엄마의 예언적인 축복이 새겨지고, 세월이 가면 이 아이는 새겨진 축복대로 큰 인물이 될 것입니다. '하나님이 너를 그렇게 만드실 거야.' 이 축복을 따라 인생의 방향이 정해진다는 것입니다. 우리 인생을 바꿔주는 것은 우리 입의 말입니다. 비록 현재는 암담하고 앞길이 보이지는 않는 상황이라도, 현재 상황에 대해 말하지 말고 미래를 축복해 주어야 합니다. 하나님은 아브라함에게 '너는 복이 될지라'라고 미래를 말씀하시지 않습니까? 예언적인 축복의 말을 계속 반복하면 마침내 그 말대로 되는 것입니다.

　서산의 새만금, 그 넓은 땅덩어리는 원래는 바다였습니다. 바다를 채워 대지가 된 것입니다. 그것을 어떻게 채웠겠습니까? 큰 덤프트럭이 흙을 싣고 계속 가서 부었습니다. 일만 대, 이만 대, 십만 대의 덤프트럭이 계속 흙을 갖다 부으니까 나중에 그 바다가 채워져서 꽃이 피는 땅이 되지 않습니까? 우리가 살아오면서 받은 상처의 웅덩이들, 아픈 삶의 웅덩이들이 우리 속에 있습니다. 우리는 '힘들고 괴롭다'라고만 할 것이 아니라 여기에 믿음의 말, 축복의 말을 채워야 합니다. 그러면 얼마 지나지 않아 우리의 아픔이 치유되어 그곳에 꽃이 피어나 향기를 풍기는 하나님의 사람이 될 줄 믿으시길 바랍니다.

　인디안 마을에 전설처럼 내려오는 말이 있습니다.

　　같은 말을 만 번 하면 현실이 된다.

　같은 말을 한 번 하고 두 번 하면 아무것도 아닌 것 같은데, 만 번을 반복하면 현실이 된다는 것입니다. 성경도 그 이야기를 하고 있습니다. 오늘 현실에 대해서만 말하지 않고 미래를 축복해 주는 것입니다. 그러면 우리가 심은 대로 돌아옵니다. '너는 복이 될지라'라고 말씀하신 하나님이 우리를 그렇게 이끌어 가실 것입니다. 하지만 우리가 살다 보면 축복의 말보다 시기 질투의 말이 나올 때가 많습니다. 그럴 수밖에 없는 상황이 벌어집니다. 공부를 하든 사업을 하든 경쟁자가 생기면, 그 경쟁자가 곱게 보이지 않습니다. 축복해 줄 수가 없습니다. 그래서 경쟁자를 'rival'이라고 합니다. 이 단어의 어원은 'river'이라고 합니다. 같은 강물을 마시는 사람에게 라이벌이 생기기 마련입니다. 시기 질투는 누구에게 생길까요? 같은 업종의 사람들, 같은 일에 종사하는 사람들에게 생깁니다. 그러면 축복해 주기가 어렵습니다.

이런 상황이 세례요한과 예수님의 상황이었습니다. 세례요한과 예수님은 똑같이 말씀을 전하고, 제자를 양육했습니다. 그런데 어느 날 세례요한의 제자들이 다 예수님께 가버립니다. 예수님께 섭섭하고 시기 질투가 날 수 있는 상황입니다. 하지만 세례요한은 자신의 심정을 요한복음 3장 30절에서 이렇게 이야기합니다.

그는 흥하여야 하겠고 나는 쇠하여야 하리라

요한도 시기하고 질투할 수 있었지만, 자신의 제자들이 예수님께 다 가버려도 예수님이 잘되기를 바라는 마음으로 그분이 흥하고 자신은 쇠해야 한다고 고백합니다. 다른 말로 하면 예수님을 축복했다는 것입니다. 그래서 예수님이 세례요한을 가리켜서 여자의 몸에서 난 자 중에 가장 큰 자라고 말씀하십니다. 남을 축복한다는 것은 쉬운 일이 아니지만 결국은 그것이 자신에게로 돌아오는 것입니다.

이 세상에 가장 큰 자가 누구일까요? 한없이 축복하는 사람입니다. 그래서 예수님은 가는 곳마다 평안을 빌어주고 축복해 주라고 하십니다. 라이벌이라도 축복해 주면 그것이 자기에게로 돌아온다는 것입니다. 여러분도 끝없는 축복의 사람이 되기를 바랍니다. 그러면 그 복이 돌아올 것입니다. 시기와 질투를 하면 결국 그것도 자신에게 돌아옵니다. 남을 헐뜯고 뒷담화하면 그것이 자신에게 돌아옵니다. 남의 집에 평안을 빈 것도 돌아오지만, 시기, 질투, 원망도 다 돌아옵니다. 우리 하나님의 자녀들은 심은 대로 거두는 사람들이니, 하나님의 말씀 따라서 끝없이 축복하고 또 축복하는 삶을 살아야 합니다. 민수기 14장 28절에 이렇게 말씀하십니다.

> 그들에게 이르기를 여호와의 말씀에 내 삶을 두고 맹세하노라
> 너희 말이 내 귀에 들린 대로 내가 너희에게 행하리니

하나님이 불평하는 이스라엘 백성들에게 하시는 말씀입니다. 그들은 '우리는 다 죽었어. 우리는 가나안 땅에 못 들어가. 그들은 철병거를 가졌다고! 우리는 다 죽었어'라고 불평했습니다. 그들의 불평소리가 하나님 귀에 다 들렸습니다. 그러자 하나님이 '너희들이 말하는 소리를 내가 다 들었어. 그래, 너희들의 말대로 광야에서 다 죽을 거야'라고 하신 것입니다. 하지만 여호수아와 갈렙은 그렇지 않았습니다. 여호수아와 갈렙은 '우리는 가나안에 들어갈 수 있습니

나의 소중한 자산은 가능성이다

다. 그 땅은 하나님이 우리에게 약속하신 땅입니다. 그 땅에 사는 사람들은 우리의 밥입니다'라고 합니다. 하나님은 그 소리도 다 들으셨습니다. 그래서 여호수아와 갈렙은 가나안 땅에 들어가게 됩니다. 우리가 원망하고 불평하는 것도 주님의 귀에 다 들리는 것입니다. 그러니 원망하거나 불평하지 말고 축복하시기 바랍니다. 그러면 심은 대로 거두게 될 것입니다. 당신의 말 속에 미래가 있습니다.

내가 생각하는 나는
누구인가?

프랑스 파리에 다녀올 기회가 두 번 있었습니다. '프랑스 파리' 하면 에펠탑이 생각납니다. 하지만 저에게 더 인상 깊었던 곳은 몽마르트 언덕이었습니다. 몽마르트 언덕을 떠올리면, 왠지 시적이고 예술적이고 문학적이라는 생각이 듭니다. 하지만 실제로 가보니 제가 상상하던 것보다 좀 덜하긴 했습니다. 특이한 점은 골목골목마다 거리의 화가들이 앉아서 관광객들의 얼굴을 그려주는 것이었습니다. 저도 그중 한 사람에게 가서 그림을 부탁했습니다. 하지만 그림을 다 그리고 보니 제 얼굴이 아닌 것입니다. 서양 사람들은 동양인의 얼굴을 볼 줄 모르는 것 같습니다. 그래서 실망한 끝에 동양인으로 보이는 사람을 찾아갔습니다. 이 사람은 일본 사람이었습니다. 그 사람은 정말 제 얼굴처럼 그렸습니다.

우리는 이것을 초상화라고 합니다. 타인이 나의 모습을 그린 것입니다. 그런데 또 하나의 내 그림이 있습니다. 내 마음속에 내가 그려놓은 자화상입니다. 초상화도 '나'고, 자화상도 '나'입니다. 하지만 어느 그림대로 인생을 살아갈 것인가가 굉장히 중요합니다. 우리는 겉모습, 즉 초상화에 많은 신경을 쓰고 살아갑니다. 하지만 인생을 자기 겉모습처럼 사는 것은 어렵습니다. 내 속에 '내가 생각하는 나'를 그려놓은 자화상대로 인생이 흘러갑니다. 자신의 자화상을 다른 사람들은 모릅니다. 자화상은 자신이 그리는 것이기 때문입니다. 당신은 어떤 자화상을 가지고 살고 있습니까? 당신은 자기를 누구라고 생각하십니까? 자기가 그려놓은 그림대로 인생이 가는 것입니다.

성경에 나오는 다윗은 속사람, 즉 자기가 그려놓은 자화상이 건강한 사람이었습니다. 시편 139장 14절에서 자신의 자화상을 이렇게 고백합니다.

> 내가 주께 감사하옴은 나를 지으심이 심히 기묘하심이라 주께
> 서 하시는 일이 기이함을 내 영혼이 잘 아나이다

생각하면 생각할수록 다윗은 보통 사람이 아닙니다. 우리 중에서 거울에 비친 자신의 얼굴을 보면서 '심히 아름답다'라고 말할 수 있는 사람이 있을까요? 다윗은 자기 자신을 보며 주님께 감사하면

나의 소중한 자산은 가능성이다

서 심히 기묘하다고 고백합니다. 영어 성경에서 '심히 기묘하다'는 표현은 'Wonderful'입니다. 다윗은 단순히 자신의 잘생긴 얼굴 때문이 아니라, 자신이 하나님이 만든 작품으로 하나님의 형상을 입은 사람이라는 것을 믿었기 때문에 그러한 감사의 고백을 할 수 있었습니다. 그래서 다윗은 그의 마음의 그림대로, '나를 지으심이 Wonderful하다'라는 고백대로 그 인생을 살아간 것입니다. 한 걸음 더 나아가서 시편 8장 5절을 보면 자신을 이렇게 말합니다.

그를 하나님보다 조금 못하게 하시고 영화와 존귀로 관을 씌우셨나이다

이것은 다윗만 그런 것이 아닙니다. 우리 또한 예수 안에서 하나님보다 조금 못하지만 천사보다 훨씬 우월하게 하나님이 우리를 만드셨습니다. 우리는 장차 존귀와 영광의 관을 쓰게 될 것입니다. 다윗은 이 그림을 마음에 품고 있습니다.

아주대학교 심리학과 이민규 교수는 '자기규정 효과'에 대해서 말합니다. 사람들은 저마다 자아상을 가지고 있습니다. 자기 스스로 '나는 이런 사람이야'라고 규정하면 규정한 대로 삶을 살게 된다는 것입니다. 대부분의 사람들이 힘들고 어려울 때마다 이렇게 생각합니다. '나는 되는 게 없는 사람이야', '도대체 나는 아무것도 되는 게 없는 사람이야.' 이렇게 자기 마음의 그림을 가지게 되면, 이

사람은 실제로 되는 게 없는 사람으로 살아가게 됩니다.

하지만 성경은 우리를 그렇게 규정하지 않습니다. 우리는 사실 모든 것을 할 수 있는 사람들입니다. 우리는 예수 안에서 무엇이든지 할 수 있는 사람들입니다. 고린도후서 6장 10절은 우리를 이렇게 규정합니다.

> 근심하는 자 같으나 항상 기뻐하고 가난한 자 같으나 많은 사람을 부요하게 하고 아무것도 없는 자 같으나 모든 것을 가진 자로다

할렐루야! 우리가 이런 사람이라는 것입니다. 세상 사람들이 볼 때에 '저 사람은 청승맞은 사람이야. 저 사람은 근심이 많은 사람이야'라고 할 수 있지만, 그렇지 않습니다. 실제로는 기뻐하는 사람이고, 겉으로 볼 때는 가난한 것 같은데 수많은 사람을 예수 이름으로 부요케 만들어 주는 사람입니다. 아무것도 없는 것 같은데, 가만히 보니까 모든 것을 가진 자입니다. 우리가 바로 그런 사람들입니다. 그래서 우리는 참 복이 많은 사람입니다.

'나는 복 받은 사람이야. 나는 은혜 받은 사람이야. 나는 참 행복해.'

여러분들은 믿음으로 이 고백을 하실 수 있어야 합니다. 그럴 때 우리는 정말 복 있는 사람으로 살아가게 되고, 은혜 입은 사람으로 살아가게 되고, 무엇이든 할 수 있는 행복한 사람으로 살아가게 되

나의 소중한 자산은 가능성이다

는 것입니다. 우리는 모든 것을 가진 예수 믿는 사람들입니다. 스바냐 3장 17절을 보면,

> 너의 하나님 여호와가 너의 가운데에 계시니 그는 구원을 베푸실 전능자이시라 그가 너로 말미암아 기쁨을 이기지 못하시며 너를 잠잠히 사랑하시며 너로 말미암아 즐거이 부르며 기뻐하시리라 하리라

하나님이 우리를 보시며 너무너무 기뻐하신다고 합니다. 아들을 생각하며 행복해하는 아버지처럼 하나님은 우리를 잠잠히 사랑하시고, 우리 때문에 기쁨을 이기지 못하시고, 즐거이 부르면서 기뻐하십니다. 끝없는 사랑으로 아들을 부르는 그분이 우리 하나님이십니다. 우리는 이러한 사랑을 받은 하나님의 자녀이기 때문에 무엇이든지 할 수가 있습니다.

사랑하는 여러분, 믿음으로 예수 이름으로 선언하시기를 바랍니다. '나는 복 있는 사람이다. 나는 은혜 받은 사람이다. 나는 모든 것을 할 수 있는 사람이다.' 그러면 믿음대로 될 것입니다. 우리가 날마다 입으로 선언하면 마침내 우리 인생은 그렇게 되는 것입니다. 여러분의 말 속에 여러분의 미래가 있습니다.

9장

누구를 위한
세레나데인가

벧전 1:1-7

1 예수 그리스도의 사도 베드로는 본도, 갈라디아, 갑바도기아, 아시아와 비두니아에 흩어진 나그네 **2** 곧 하나님 아버지의 미리 아심을 따라 성령이 거룩하게 하심으로 순종함과 예수 그리스도의 피 뿌림을 얻기 위하여 택하심을 받은 자들에게 편지하노니 은혜와 평강이 너희에게 더욱 많을지어다 **3** 우리 주 예수 그리스도의 아버지 하나님을 찬송하리로다 그의 많으신 긍휼대로 예수 그리스도를 죽은 자 가운데서 부활하게 하심으로 말미암아 우리를 거듭나게 하사 산 소망이 있게 하시며 **4** 썩지 않고 더럽지 않고 쇠하지 아니하는 유업을 잇게 하시나니 곧 너희를 위하여 하늘에 간직하신 것이라 **5** 너희는 말세에 나타내기로 예비하신 구원을 얻기 위하여 믿음으로 말미암아 하나님의 능력으로 보호하심을 받았느니라 **6** 그러므로 너희가 이제 여러 가지 시험으로 말미암아 잠깐 근심하게 되지 않을 수 없으나 오히려 크게 기뻐하는도다 **7** 너희 믿음의 확실함은 불로 연단하여도 없어질 금보다 더 귀하여 예수 그리스도께서 나타나실 때에 칭찬과 영광과 존귀를 얻게 할 것이니라

세상은 편지로 이어지는 길이 아닐까

그리운 얼굴들이 하나하나 미루나무로 줄지어 서고,

사랑의 말들이 흐드러진 꽃밭으로 펼쳐지는 길

설레임 때문에 봉해지지 않는

한 통의 편지가 되어 내가 뛰어가는 길

세상의 모든 슬픔, 모든 기쁨을 다 끌어안을 수 있을까

작은 발로는 갈 수가 없어

넓은 날개를 달고 사랑을 나르는 편지 천사가 되고 싶네.

(이해인, '우체국 가는 길')

편지는 늘 우리를 설레게 합니다. 오늘은 4월의 주제 『희망의 편지』 두 번째 메시지입니다. 희망은 모든 사람이 좋아하는 것입니다. 희망, 너무나 가슴 벅찬 단어입니다. 마음이 설레고 따뜻해집니다. 하지만 희망이 뭐냐고 물어보면 명쾌하게 대답하기가 쉽지 않습니다. 옥스퍼드 사전에서 희망을 아주 명쾌하게 정리를 했습니다.

'희망은 신뢰와 확신의 감정이다.'

사람에게는 희노애락 등 다양한 감정이 있습니다. 그중에 하나가 희망입니다. 신뢰와 확신의 감정, 더 좋게 느껴집니다. 이런 의미에서 희망은 상당히 신앙적이고 종교적인 단어인 것 같습니다. 그래서 희망은 사람들에게 용기를 내게 하는 것입니다. 삶을 잘 살 수 있다고 하는 긍정주의, 낙관주의는 절망하고 낙망한 사람들에게 '힘을 내세요. 기운을 내세요'라고 말합니다. 반면에 희망은 낙망하는 사람들에게 '하나님을 바라보세요'라고 말을 합니다. 그래서 어떤 면에서는 희망은 굉장히 신앙적인 용어인 것 같습니다.

나의 소중한 자산은 가능성이다

시편 62장 5절에서는 희망에 대해 이렇게 말합니다.

나의 영혼아 잠잠히 하나님만 바라라 무릇 나의 소망이 그로
부터 나오는도다

깊은 신음 속에 한숨 쉴 때 하나님만 바라라고 합니다. 왜냐하면 우리의 소망이 하나님께로부터 나오기 때문입니다. 어떤 상황 속에서도 하나님을 바라볼 때 소망이 생깁니다. 하나님이 살아계시기 때문에 오늘도 우리는 꿈을 꿀 수 있고, 희망을 가질 수 있습니다. 하나님만 바라보면 소망 있는 삶을 살아가게 됩니다. 성경은 하나님이 보낸 희망의 편지입니다. 사랑하는 우리 주님이 우리에게 힘을 내라고 희망의 편지를 써서 보내신 것입니다. 오늘 말씀을 통해 하나님의 희망의 편지를 볼 때 성령께서 감동을 주셔서 어떤 상황에 있든지 용기를 가지고 힘을 낼 수 있기를 바랍니다. '내 영혼아 어찌하여 낙망하는가 너는 하나님만 바라라.'

하나님이 부르시는
절절한 세레나데

사람은 이 세상에 빈손으로 왔다가 빈손으로 갑니다. 성경은 확실하게 말합니다. 이 땅에 올 때 아무것도 가져온 것이 없다고 합니

다. 맞습니다. 우리는 다 발가벗고 왔습니다. 그리고 살아생전에 이 것저것 많이 가진 것 같은데, 마지막 세상을 떠날 때는 다 두고 빈손으로 가는 것이 인생입니다. 빈손으로 왔다가 빈손으로 가는 것이 우리 인생입니다. 그런데 아무것도 가진 것 없이 이 세상에 온 우리가 가슴 속에 품고 온 한 가지가 있습니다. 이것이 우리 삶 속에서 기쁨이 되고 행복이 됩니다. 또 이것 때문에 우리는 순간순간 행복을 느끼게 됩니다. 이것이 얼마나 강한지, 죽음보다 강하다고 성경은 말합니다. 이것이 무엇일까요? 바로 사랑입니다. 하나님이 사랑이시기 때문에 하나님 형상을 입은 우리들이 이 세상에 태어날 때에, 비록 손에는 아무것도 쥔 것이 없지만 가슴 속에는 하나님의 DNA인 '사랑'을 가득 안고 태어났습니다. 그 사랑이 우리 가슴 속에 있기 때문에 자라가면서 한 번도 배워본 적 없는데 사랑이 싹트기 시작하고, 누군가에게 마음이 끌리고 좋아하게 되는 것입니다. 그래서 누군가 사랑을 이렇게 표현한 것을 들었습니다.

'사랑하는 것은 천국을 살짝 맛보는 것과 같다.'

천국은 극락의 세계, 너무나 즐거운 세계인데, 사랑하는 순간이 바로 그 천국을 맛보는 것과 같다고 말합니다. 그리고 성경은 '사랑은 영원하다'고 말합니다. 그렇게 우리는 이 사랑을 품었습니다. 그래서 우리는 누군가를 위한 세레나데를 부르면서 살아갑니다. 음악

나의 소중한 자산은 가능성이다

을 하는 사람들은 '세레나데'가 하나의 장르이기 때문에 잘 알고 있습니다. '세레나데'는 어둠이 내리는 저녁에 사랑하는 사람의 창가에서 부르는 노래입니다. 우리나라 말로 바꾸면 '소야곡', 즉 '밤에 부르는 노래'라는 뜻입니다. 사랑하는 사람의 창가에서 사랑의 노래를 부르는 것입니다. 세상에 수많은 노래가 있습니다. 그런데 그렇게 많은 노래들을 보면 딱 한 가지 이야기로 요약됩니다. 바로 사랑 이야기입니다. 사랑하고 헤어지고 그리워하는 노래가 바로 세레나데입니다.

사람들은 사랑하는 사람을 향해 세레나데를 부릅니다. 그것을 순수하다고 생각합니다. 하지만 그 사랑이 다하면 또 다른 사람을 향한 세레나데를 부릅니다. 사람들은 사랑의 노래가 순수하다고 생각합니다. 하지만 전문가들은 사랑의 노래에 순수함은 20%밖에 되지 않는다고 합니다. 나머지는 무엇일까요? 나머지 80%는 욕망이라고 합니다. 따라서 순수의 노래라기보다는 욕망의 노래라는 것입니다. 결국 이 세상의 숱한 노래들은 자기 자신을 위한 노래입니다. 그런데 일생 동안 사랑의 세레나데를 부르다가 죽는 사람이 있습니다. 평생 짝사랑 세레나데를 부르다가 그렇게 죽는 사람이 누구일까요? 우리는 이것을 김소월의 시 〈초혼〉에서 조금 느낄 수가 있습니다.

산산이 부서진 이름이여!

허공 중에 헤어진 이름이여!

불러도 대답 없는 이름이여!

부르다가 내가 죽을 이름이여!

이 시의 끝부분입니다.

선 채로 이 자리에 돌이 되어도 부르다가 내가 죽을 이름이여!

사랑하던 그 사람이여!

사랑하던 그 사람이여!

너무나 슬프게 애절하게 부르는 그 이름, 이 자리에 죽어서 돌이 되어도 부르다가 죽을 이름이라고 말합니다. 이별의 슬픔을 이야기합니다. 이 시의 배경은 시 전체를 읽다 보면 느껴집니다. 붉은 해가 서산에 지고 있습니다. 언덕에 서서 서산의 해를 바라보면서 사랑하는 자의 이름을 부릅니다. 인생을 살면서 헤어진 사람들은 예기치 못한 때와 장소에서 다시 만날 수 있지만, 죽음으로 헤어지면 영원히 만날 수 없습니다.

〈초혼〉에는 '내가 부르다 죽을 이름', 아무리 불러도 올 수 없는 이름, 그 이름을 부르는 인간의 애절한 마음을 노래하고 있습니다. 사람들은 이 시를 여러 가지로 해석합니다. 이 시에서 화자가 그렇게 애절하게 부르는 이가 누구일까요? 아마도 자식을 부르는 부모의

나의 소중한 자산은 가능성이다

마음이 아닐까 하고 저는 생각합니다. 모든 부모는 일생 동안 자식을 향한 짝사랑의 세레나데를 부릅니다. 그러다가 죽습니다. 어릴 적에 아이를 낳았습니다. 그 아이를 품고 자장가를 부릅니다. 사랑의 세레나데를 부르는 것입니다. 자고 있는데 아이가 울고 보채면 아무리 피곤해도 눈을 떠서 기저귀 갈고 우유를 먹이고 또 자장가를 부릅니다. 사랑의 세레나데를 부르는 것입니다. 이 아이가 조금 자라 부모의 속을 썩여도 이 아이를 응원하며 잘되기만 바랍니다. 이것이 부모입니다. 그 아이가 자라 어른이 되면 결혼을 하고 부모 곁을 떠납니다. 그러면 부모는 그 자식이 보고 싶어서 그리움의 노래를 부릅니다. 부모는 한없이 자녀를 그리워하다가 세상을 떠나는 것입니다. '내가 부르다 죽을 이름' 이것이 부모의 심정이라는 것입니다. 이것을 잘 표현한 노래가 〈어머니의 마음〉입니다. 우리가 잘 아는 어머니의 마음을 2~3절에서 이렇게 말합니다.

> 어려선 안고 업고 얼러 주시고, 자라선 문 기대어 기다리는 맘
> 앓을 사 그릇될 사 자식 생각에 고우시던 이마 위엔 주름이 가득
> 사람의 마음속엔 온 가지 소원, 어머님의 마음속엔 오직 한 가지
> 아낌없이 일생을 자식 위하여 살과 뼈를 깎아서 바치는 마음
> 땅 위에 그 무엇이 높다 하리오 어머니의 정성은 지극하여라

이 세상의 모든 부모의 마음입니다. 끝없는 사랑의 세레나데. 어

릴 적부터 마지막까지 짝사랑만 하다가 너무 보고 싶어 그리운 이름을 부르다가 가는 것이 부모의 마음이 아닐까요? 그런데 부모의 사랑보다 더 애절한 사랑의 노래가 있습니다. 그것은 바로 하나님의 사랑입니다. 우리를 향한 하나님의 세레나데는 끝이 없습니다. 부모보다 더 깊고 더 절절한 사랑의 세레나데를 부르는 분이 우리 하나님이시라는 것입니다.

오늘 본문인 베드로전서가 기록될 당시의 정황을 살펴보면 로마 네로 황제의 박해가 극심할 때입니다. 예수 믿는다는 그 한 가지 때문에 재산을 몰수당하고 죽임을 당하는 시절에 베드로전서가 기록되었습니다. 예수 믿는 사람을 붙잡아서, 양의 털가죽을 입혀서 굶주린 사자우리에 던져버립니다. 그러면 굶주린 사자가 양의 털을 쓴 사람에게 덤벼들어 찢어버립니다. 예수님을 믿는다는 이유로 죽임을 당하던 시절의 이야기입니다. 예수 믿는다는 것 하나 때문에, 산 사람을 역청으로 묶고 머리를 심지 삼아 불을 붙여 원형 극장 횃불로 사용했다고 합니다. 그래서 예수님을 믿는 사람들은 생명을 지키기 위해서 고향을 버리고 낯선 나라를 유리하며 방황하기 시작한 것입니다. 오늘 1절에서 그 말씀을 하고 있습니다.

예수 그리스도의 사도 베드로는 본도, 갈라디아, 갑바도기아,
아시아와 비두니아에 흩어진 나그네

나의 소중한 자산은 가능성이다

예수님 때문에 다 빼앗기고 생명 하나 부지하려고 남의 나라인 본도, 갈라디아, 갑바도기아, 아시아와 비두니아로 흩어진 나그네, 디아스포라가 되었습니다. 이렇게 삶의 터전을 잃고 유리하고 방황하는 사람들에게 보낸 하나님의 희망 편지가 바로 베드로전후서입니다.

2절을 보면 이렇게 기록되어 있습니다.

> 곧 하나님 아버지의 미리 아심을 따라 성령이 거룩하게 하심으로 순종함과 예수 그리스도의 피 뿌림을 얻기 위하여 택하심을 받은 자들에게 편지하노니 은혜와 평강이 너희에게 더욱 많을지어다

긴 문장이지만, 이 문장을 가만히 생각해 보면 절절한 하나님의 사랑이 느껴집니다. 하나님 입장에서 사랑하는 아들, 딸들이 유리하고 방황하는 고난 중에서 혹시나 믿음 잃어버릴까, 혹시나 낙망하고 좌절할까, 혹시나 포기해 버릴까 안절부절 못하는 우리 하나님 아버지의 마음을 읽을 수가 있습니다. 그래서 그들에게 희망의 편지를 보냅니다. '잘 견뎌야 해. 은혜와 평강이 너희에게 있을 거야. 은혜를 부어줄 테니까 잘 견뎌야 해.' 우리 하나님은 육신의 부모 그 이상의 애틋한 사랑의 노래를 부르고 있는 것입니다.

하나님이 어떤 분이신지 제가 간략하게 두 가지로 말씀드리려고

합니다. 첫 번째, 하나님은 우리를 낳으신 분입니다. 시편 2장 7절에서 이렇게 말씀합니다.

> 내가 여호와의 명령을 전하노라 여호와께서 내게 이르시되 너
> 는 내 아들이라 오늘 내가 너를 낳았도다

'너는 내 아들이라 오늘 내가 너를 낳았도다.' 한번 생각해 보십시오. 엄마는 자녀를 낳을 때 해산의 고통을 겪습니다. 요즘이야 산부인과 병원에 가면 의사가 약도 주고, 유도분만하고 힘들면 마취해서 제왕절개로 아기를 낳을 수 있지만, 옛날에는 목숨을 걸고 아기를 낳았습니다. 자칫하면 아기를 낳다가 죽을 수도 있었습니다. 그 해산의 고통으로 우리를 낳았습니다. 엄마가 해산의 고통으로 아기를 낳는 것처럼, 하나님은 아들 예수를 십자가에 못 박고, 피 뿌림의 고통을 통해서, '오늘 내가 너를 낳았도다'라고 하시는 것입니다. 그래서 '너는 내 사랑하는 귀한 아들, 딸이야'라고 말씀하실 수 있는 것입니다. 하나님이 우리를 낳으셨습니다.

두 번째, 하나님은 끝없는 사랑의 노래를 부르시면서 우리를 보고 싶어 하십니다. 아가서 5장 2절에 그 내용이 나와 있습니다.

> 내가 잘지라도 마음은 깨었는데 나의 사랑하는 자의 소리가
> 들리는구나 문을 두드려 이르기를 나의 누이, 나의 사랑, 나의

나의 소중한 자산은 가능성이다

비둘기, 나의 완전한 자야 문을 열어 다오 내 머리에는 이슬이,

내 머리털에는 밤이슬이 가득하였다 하는구나

술람미 여인이 밤에 피곤해서 잠이 들었습니다. '내가 잘지라도 마음은 깨었는데 나의 사랑하는 자의 소리가 들리는구나.' 그녀의 연인이 문을 두드립니다. '나의 누이, 나의 사랑, 나의 비둘기, 나의 완전한 자야 문을 열어다오. 내가 너를 너무 보고 싶어 하니 문을 열어다오. 나의 사랑, 나의 비둘기, 나의 누이, 나의 완전한 자야 문을 열어다오.' 끝없이 기다린 것입니다. 얼마나 오래 기다렸는지 '내 머리에는 이슬이 내리고 내 머리털에는 밤이슬이 가득하였다'고 합니다. 밤새 문 앞에서 문이 열리기를 기다리고 있었던 것입니다. 우리를 보고 싶어 하는 그 하나님이 바로 우리 하나님이십니다. 우리를 끝없이 기다리는 것입니다.

마치 집 나간 탕자를 기다리는 아버지처럼 문 앞에서 한없이 기다리는 것과 같습니다. 하나님은 한없이 밤이슬을 맞으면서 우리가 나오기를 기다리고 계신다는 것입니다. 이것이 하나님의 사랑입니다. 그래서 우리가 아무리 생각해도 하나님의 사랑을 갚을 길이 없습니다. 하나님은 우리를 향한 끝없는 짝사랑의 세레나데를 불러주십니다. 이제 우리도 하나님을 향해 부를 노래가 있습니다.

우리가 불러야 할 세레나데

예수님 때문에 재산을 잃고 고향을 떠나 유리하고 방황하는 나그네로 살아가는 사람들의 입장에서는 하나님이 도대체 왜 이러시냐며 섭섭함과 억울함을 토로할 수도 있을 것입니다. 하지만 그런 사람들에게 오늘 본문 3절은 이렇게 말합니다.

> 우리 주 예수 그리스도의 아버지 하나님을 찬송하리로다 그의 많으신 긍휼대로 예수 그리스도를 죽은 자 가운데서 부활하게 하심으로 말미암아 우리를 거듭나게 하사 산 소망이 있게 하시며

'우리 주 예수 그리스도의 아버지 하나님을 찬송하리로다.' 원망이 아니라 찬송하라고 합니다. 힘들다고 원망하는 것이 아니고, 괴롭다고 고통스러워하는 것이 아니라, 오히려 하나님을 찬송하라고 합니다. 이것이 우리가 부를 노래입니다. 우리가 부를 세레나데입니다.

평안할 때 찬송 부르는 것은 쉽지만, 힘들 때 찬송 부르는 것은 쉽지 않습니다. 이제는 그런 상황에서도 우리 주 그리스도의 아버지 하나님을 찬송하시기 바랍니다. 우리가 부를 노래가 바로 이것입니다.

사형 선고를 받은 사형수들이 수감되어 있는 옥중의 저녁 풍경

나의 소중한 자산은 가능성이다

에 대해 들은 적이 있습니다. 사형수가 갇혀 있는 감옥에 하루해가 저물면 저녁 취침나팔이 울려 퍼진다고 합니다. 트럼펫으로 취침 나팔을 부는데, 그 곡이 찬송가 10장 '전능왕 오셔서'라고 합니다. 누가 그렇게 만들었는지는 모르지만, 우리나라 모든 감옥의 취침 나팔 트럼펫 소리는 '전능왕 오셔서' 찬송 소리입니다. 고요한 그 밤에 이 찬양이 감옥 안에 울려 퍼지면서 수감자들은 잠을 잡니다.

모두 불을 끄고 잘 때 사형 선고를 받은 사형수는 잠을 깊이 잘 수가 없습니다. 아침에 교도소 복도에 울려퍼지는 뚜벅뚜벅 간수의 발소리가 그의 문 앞에서 멈추고 문이 열리며 '몇 번 아무개 면회'라고 불러내면, 그날이 사형장으로 끌려가는 날이랍니다. 그러니 늘 불안한 것입니다. 하루가 끝나고 이제 트럼펫 소리가 들리고 취침 시간이 되면 오늘은 죽지 않은 것입니다. 그러나 이 밤이 지나고 아침에 문이 열릴지도 모르니 불안해서 잠을 잘 수 없습니다. 그래서 모두가 잠든 교도소에 허공을 향해서 어머니를 부른다고 합니다. 애절한 마음으로, 너무나 비통한 마음으로 어머니를 부르면 그 소리가 밤하늘에 울려 퍼진다고 합니다. 그 소리를 들으면 모두가 마음이 숙연해진다고 합니다.

그러나 아무리 어머니 이름을 불러도, 그 어머니는 어떻게 해줄 수가 없습니다. 그래도 너무 속이 답답하고 불안하니 그저 어머니를 부르는 것입니다. 그러나 아무리 엄마를 불러도 그 엄마의 이름이 그들을 구원해 줄 수 없습니다. 사랑하는 여러분, 우리에게는 부를 이름이 있습니다. 바로 예수 그리스도입니다. 우리는 절망과 낙망 중에서도 부를 이름이 있습니다. 예수 이름을 부르는 것입니다. 십자가에 달린 강도가 마지막 삶의 기로에서, 절망의 끝자락에서 예수 이름을 부릅니다. '예수여 당신의 나라에 임하실 때에 나를 기억하소서.' 그 한마디에 누가복음 23장 43절을 보면 주님이 바로 대답하십니다.

> 예수께서 이르시되 내가 진실로 네게 이르노니 오늘 네가 나
> 와 함께 낙원에 있으리라 하시니라

예수님은 바로 대답하셨습니다. "너는 안 돼!"라고 말씀하지 않고 "오늘 네가 나와 함께 낙원에 있으리라."라고 하셨습니다. 누구든지 예수 이름을 부르면 우리 주님이 산 소망이 될 줄로 믿습니다. 한 번도 주님은 "No, 너는 안 돼."라고 하신 적이 없습니다. 우리가 부를 세레나데, 우리가 부를 노래는 예수의 이름입니다. 어떤 상황 속에서도 예수의 이름을 부르면 주님이 우리에게 산 소망이 되십니다. 오늘 본문 3절을 보면,

> 우리 주 예수 그리스도의 아버지 하나님을 찬송하리로다 그의
> 많으신 긍휼대로 예수 그리스도를 죽은 자 가운데서 부활하게
> 하심으로 말미암아 우리를 거듭나게 하사 산 소망이 있게 하

나의 소중한 자산은 가능성이다

'우리 주 예수 그리스도의 아버지 하나님을 찬송하리로다' 우리
의 영원한 소망, 산 소망이신 예수의 이름을 부를 때 우리는 얼마든
지 절망 중에서도 소망을 가질 수가 있습니다. 힘들고 어려워도 예
수 이름을 부르시길 바랍니다. 그러면 우리에게 산 소망이 생깁니
다. 그런데 믿음이 좋고, 평소에 얼마든지 견딜 것 같은 참 믿음의
사람일지라도 잠깐 흔들릴 수가 있습니다. 6절에서 그 이야기를 합
니다.

> 그러므로 너희가 이제 여러 가지 시험으로 말미암아 잠깐 근
> 심하게 되지 않을 수 없으나 오히려 크게 기뻐하는도다

우리는 여러 가지 시험으로 말미암아 잠깐 근심할 때가 있습니
다. 사람인지라 믿음 좋은 사람도 잠깐 흔들릴 수 있습니다. 왜냐하
면 여러 가지 시험 때문입니다. '여러 가지 시험'은 '여러 가지 색깔'
이라는 뜻입니다. 얼마나 많은 다양한 형태의 시험이 있겠습니까?
오늘 본문에 나오는 사람들은 예수 이름 하나 때문에 재산을 몰수
당하고 가족과 헤어지고 유리하고 방황하지 않았습니까? 우리에게
여러 가지 시험이 무엇입니까? 여기에 앉아 있는 여러분들 마음속
에 지금도 걱정거리, 염려가 있을 것입니다. 가정의 문제, 사업의 문

제, 재정 문제, 건강 문제, 끝없는 여러 가지 시험 때문에 잠깐 흔들릴 수 있습니다. 그렇게 잠시 흔들리지만 믿음 위에 굳게 서시기를 바랍니다.

우리는 '시험을 안 만났으면 좋겠어'라고 생각을 할 수 있습니다. 하지만 시험을 만나지 않을 수가 없습니다. 살아있는 한 다양한 시험을 만납니다. 여러 가지 시험을 만날 수 있습니다. 그럴 때 우리는 시험을 피하고 싶어 합니다. 피할 수 있으면 얼마나 좋겠습니까? 그래서 하나님 앞에 시험을 없애달라고 기도합니다. '하나님, 저 문제를 없애 주십시오.' 이렇게 기도할 때, 때로는 하나님이 시험의 문제를 없애 주시기도 합니다. 그러나 그 시험을 우리 앞에 그냥 두실 때도 많습니다. 문제를 치워 달라고 기도했는데 그 문제는 여전히 우리 앞에 있습니다. 병 고쳐 달라고 기도했는데 여전히 몸이 아픕니다. 자녀 문제로 기도했는데 여전히 자녀 때문에 속이 썩고 있습니다. 가난을 없애 달라고 기도했는데 여전히 가난 속에 있을 수도 있습니다. 이때 어떻게 해야 할까요? 오늘 본문 7절에 그 대답이 있습니다.

> 너희 믿음의 확실함은 불로 연단하여도 없어질 금보다 더 귀하여 예수 그리스도께서 나타나실 때에 칭찬과 영광과 존귀를 얻게 할 것이니라

나의 소중한 자산은 가능성이다

믿음 좋은 사람들도 잠깐 흔들릴 수 있습니다. '이게 아닌데…. 하나님 왜 이러시지' 하며 잠시 흔들릴 수 있습니다. 그러나 주님의 말씀에 예수 그리스도께서 나타나실 때까지 잘 견디면 칭찬과 영광과 존귀를 얻게 될 것이라고 합니다. 사랑하는 여러분, 원치 않게 여러 가지 시험을 만날 수 있습니다. 그때 우리가 잘 견디려면 믿음이 필요합니다. 오늘 본문은 그 이야기를 하는 것입니다. 예수 그리스도께서 나타나실 때까지 믿음으로 잘 견디고, 흔들려도 절대 포기하지 않으면 주님이 오실 그때에 칭찬과 영광과 존귀를 얻게 될 것입니다.

유대인들은 유월절에 '아니마민'이라는 노래를 부른다고 합니다. 히브리어로 '아니마민'은 '나는 믿는다'라는 뜻을 가지고 있습니다. 이 노래 '아니마민'은 유대인들이 죽음의 수용소 아우슈비츠에 있을 때 만들어졌다고 합니다. 누군가는 아침마다 가스실로 끌려가서 사라지고, 내일 아침에는 누가 죽을지 모르는 공포 속에 희망이라고는 보이지 않는 죽음의 수용소에서 불려진 것입니다.

나는 믿노라.
하나님이 반드시 오신다는 것을 나는 믿노라.
우리 구세주가 오시리라는 것을 나는 믿습니다.
그러나 조금 늦게 오십니다.

반드시 오시는데 조금 늦게 오신다고 합니다. 굉장히 의미가 있습니다. 우리가 원하는 시간은 지금입니다. 우리는 지금 당장 이 문제를 해결해 주시길 바라는데, 우리 생각과 조금 다르게 주님이 오신다는 것입니다. 그러나 반드시 오십니다. 가장 처절하고 가장 힘들고 희망이 한 방울도 보이지 않는 죽음의 수용소에서 '나는 믿습니다. 구세주가 오실 것을 나는 믿습니다'라는 노래를 부르고 있다는 것입니다.

사랑하는 여러분, 인생의 밤에 부르는 노래가 있습니다. 우리 삶의 가장 깊은 밤에 부르는 노래, 그것이 예수 이름입니다. 처량하고 고달프고 유리하고 방황하고 희망이 보이지 않는 가운데서도 우리가 부를 이름은 예수 이름입니다.

여러분, '슬픔'이 슬픔이 되도록 버려두지 마시고, '고통'이 고통이 되도록 버려두지 마시고, 슬픔이 노래가 되고, 고통이 기도가 되기를 축복합니다. 우리가 찬송하고 기도할 때 주님이 우리에게 칭찬과 영광과 존귀를 부어주실 것입니다. 반드시 주님은 오십니다. 우리 주님 오실 그때까지 잠시 흔들릴 수 있지만 그날의 소망, 산 소망을 가지고 잘 견디면 주님이 칭찬과 영광과 존귀를 우리에게 주실 것입니다. 세상 사람이 볼 때는 우리가 실패자인 것 같고, 다 잃어버린 것 같고, 아무것도 아닌 것 같지만 최고의 승리자, 최후의 승리자는 예수 믿는 우리입니다. 우리는 반드시 승리하게 될 것입니다. 칭찬과 영광과 존귀가 우리 앞에 있습니다. 아무리 불러도 허무한 세상 노래는 부르지 말고, 예수 이름과 예수를 향한 세레나데를 부를 때 주님은 끝없는 용기와 소망을 허락해 주셔서 최후의 승리자로 여러분을 우뚝 세우실 줄 믿으시길 바랍니다.

10장

포로의 삶이 아닌
프로가 되라

삿 16:1-4 **1** 삼손이 가사에 가서 거기서 한 기생을 보고 그에게로 들어갔더니 **2** 가사 사람들에게 삼손이 왔다고 알려지매 그들이 곧 그를 에워싸고 밤새도록 성문에 매복하고 밤새도록 조용히 하며 이르기를 새벽이 되거든 그를 죽이리라 하였더라 **3** 삼손이 밤중까지 누워 있다가 그 밤중에 일어나 성 문짝들과 두 문설주와 문빗장을 빼어 가지고 그것을 모두 어깨에 메고 헤브론 앞산 꼭대기로 가니라 **4** 이 후에 삼손이 소렉 골짜기의 들릴라라 이름하는 여인을 사랑하매

마 10:12-13 **12** 또 그 집에 들어가면서 평안하기를 빌라 **13** 그 집이 이에 합당하면 너희 빈 평안이 거기 임할 것이요 만일 합당하지 아니하면 그 평안이 너희에게 돌아올 것이니라

우리 주변에는 지금까지 하던 대로 무사안일주의로 그럭저럭 살아가는 사람들이 많이 있습니다. 무기력하게 직장을 다니거나, 생각 없이 편하게만 살아가는 모습을 종종 보게 됩니다. '사람은 잘 변하지 않는다'는 말을 합니다. 하지만 저는 예수 안에서는 사람들이 변화된다고 믿습니다. 쉽게 변화되지 않지만, 늦더라도 좋은 사람으로 변

화되어 가는 것이 예수 안에서는 가능합니다.

세 가지 변화의 시기

그런 의미에서, 사람이 변화되는 시기가 세 번 있습니다. 사람은
이때를 만나면 반드시 급격하게 변화가 됩니다. 첫 번째, 나이가 들
었을 때입니다. 사람은 나이가 들면 어쩔 수 없이 변합니다. 젊을 때
팽팽하던 얼굴도 나이 들어가면 주름이 늘어납니다. 외모만 변하는
것이 아니라 마음도 변합니다. 그렇게 고집이 셌던 사람도 젊음의
때를 지나 나이가 들면 여유로워집니다. 조금은 넉넉해집니다. 그
렇게 나이가 들면 변하기 마련입니다.

두 번째 때는 어떤 사건이나 사고를 만날 때입니다. 생각이 완전
히 달라지고, 고집이 꺾입니다. 큰 사고를 만나거나 또는 사업에 큰
어려움이 오거나, 가정에 큰 광풍이 불거나, 몸에 큰 병이 찾아오면
사람이 단순해집니다. 원래의 단순한 모습으로 돌아갑니다. 까칠까
칠하고 따지기 좋아하던 사람도 부들부들해지는 것입니다. '하나님
이 어디 있냐?'라고 하던 사람들도 어려움을 만나면 마음이 변합니
다. '하나님이 계시지 않을까? 죽음 그 너머에 영원한 생명이 있지
않을까?' 하고 질문하는 사람으로 바뀌게 됩니다.

세 번째가 인간이 변화될 수 있는 가장 좋은 때입니다. 그것은 바
로 배울 때입니다. 이때 가장 좋은 변화가 일어납니다. 나이 들어서

변하거나, 사건 사고를 만나서 변화되는 것은 수동적인 변화입니다. 어쩔 수 없이 변화되는 것입니다. 그런데 배움을 통해서 변화되는 것은 수동적인 것이 아니라 능동적인 것입니다. 이것이 가장 좋은 변화의 모습입니다. 우리는 오늘 하나님의 말씀 앞에 섰습니다. 하나님 말씀으로 우리가 배우는 것입니다. 이 말씀을 통해서 자신을 바꿔 간다면 가장 좋은 변화를 받게 될 것입니다. 오늘 하나님 말씀을 통해서 여러분의 사고가 변화되기를 축복합니다. 여러분의 삶이 변화되기를 바랍니다. 이렇게 배움을 통해서 자기를 바꾸는 것이 가장 좋은 능동적인 변화입니다.

포로가 아닌 프로로

우리가 이런 눈으로 오늘 본문의 삼손을 보면, 제목처럼 포로로 살아가는 삶과 프로로 살아가는 삶을 단번에 구분할 수 있습니다.

고든 맥도날드(Gordon MacDonald) 목사님이 오래전에 쓴 책 중에 『내면 세계의 질서와 영적 성장』이라는 책이 있습니다. 이 책은 그리스도인의 성장에 도움을 주는 고전으로 사람의 내면을 다룬 책입니다. 이 책에서 빠듯한 스케줄로 바쁘게 사는 현대인들을 '쫓겨 다니는 사람'이라고 표현합니다. 일에 쫓기고, 재미있는 일에 쫓겨 다니고, 이런저런 스케줄로 바쁘게 사는 것입니다. 무언가를 위해서 뛰어다니는 것입니다. 이런 사람들은 열심히 사는 것처럼 보입니다. 그런데 이들의 특징은 성공과 성취를 위해 달리지만 자칫하면 중요한 것을 잃게 될 수도 있다는 것입니다.

포로가 아닌 프로가 되십시오. 포로는 그야말로 끌려가는 사람입니다. 일에 끌려가고, 세상 재미있는 일에 끌려다니는 사람이 포로입니다. 이런 사람들은 '아이고, 먹고 살려니 어쩔 수 없지'라며 핑계를 댑니다. 먹고 사는 문제에 포로가 되어 있습니다. 어떤 사람들은 재미있는 일에 포로가 되어 있습니다. 젊은 사람들이나 아이들까지 예외 없이 핸드폰에 포로가 되어 있습니다. 재미있는 유튜버에 빠져 있는 사람도 많습니다. 또 어떤 사람은 넷플릭스 콘텐츠에 빠져 삽니다. 그 안에 있는 수많은 영상물에 붙잡혀 사는 것입니다. 영상 하나 보는데 1시간씩 휙휙 지나갑니다. 저도 예전에 넷플릭스에 무료로 가입한 적이 있습니다. 그 안에 들어가 보니 수많은 드라마, 영화, 오락들이 있었습니다. 온갖 것을 다 볼 수 있지만 탈퇴했습니다. 잘못하다가는 여기에 제 시간을 다 빼앗기겠다 싶었기 때문입니다. 많은 사람들이 시간만 나면 그곳에 시간을 쓰고 있습니다. 거기에 포로가 되어 있는 것입니다.

하지만 프로는 끌고 가는 사람입니다. 똑같이 바쁘지만 자신이 시간을 컨트롤합니다. 바쁜 일과 중에서도 우선순위를 정합니다. 우선순위가 밀리지 않습니다. 그렇게 중요한 일과 바쁜 일을 구분할 줄 아는 사람을 프로라고 합니다. 바쁜 일이라고 해서 다 중요한 일은 아닙니다. 하지만 사람들은 바쁜 일이 곧 중요한 일이라고 착각합니다. 바쁜 일에 끌려가다 보면 나중에 정말 중요한 일을 놓치게 됩니다. 우선순위를 구별하고 우선순위를 붙잡는 사람이 프로입니다.

오늘 본문의 삼손은 바로 끌려다니는 사람의 전형입니다. 사사기에서 삼손 스토리는 긴 편이어서 몇 부분만 본문으로 선정했습니다. 삼손은 태어날 때부터 나실인으로 태어났습니다. 나실인은 '구별된 사람'을 뜻합니다. 나실인의 특징은 그의 머리칼에 삭도를 대지 않는 것입니다. 지금으로 하면 가위로 머리를 자르지 않고 계속 기르는 것입니다. 그리고 포도주와 독주를 마시지 않는 것입니다. 이렇게 삼손은 구별된 사람으로 태어납니다. 하나님은 그가 태어날 때부터 강한 힘을 주셨는데 맨손으로 사자의 입을 찢어버리고, 나귀 턱뼈로 군사 천 명을 쓰러뜨리는 괴력을 가진 사람이었습니다. 성경은 무엇보다도 그가 하나님의 굉장한 은혜와 복을 받은 사람으로 기록하고 있습니다. 사사기 13장 24절을 보면 그것을 알 수 있습니다.

> 그 여인이 아들을 낳으매 그의 이름을 삼손이라 하니라 그 아
>
> 이가 자라매 여호와께서 그에게 복을 주시더니

마노아의 아내가 아들을 낳았습니다. 그 이름을 삼손이라고 하였습니다. 그 아이가 자랄 때 여호와께서 그에게 복을 주셨다고 합니다. 삼손은 특별한 힘을 가진 구별된 사람이라는 복을 가지고 태어난 사람입니다. 굉장히 부러울 만한 사람입니다. 우리도 성공하

고 부를 얻어 힘을 가지려고 노력하지 않습니까? 출세하려고 동분서주합니다. 그런데 삼손은 이미 가지고 태어났습니다. 그리고 우리도 그것을 가지기를 원합니다. 하지만 그런 것을 소유하는 것보다 더 중요한 것이 있습니다. 그것은 가진 것을 어떻게 사용하느냐입니다. 이것이 너무나 중요합니다. 삼손은 하나님께 받은 은혜와 복, 하나님께로부터 받은 그 힘을 하나님을 위해 사용하지 않고 자신의 욕망과 정욕을 위해서 사용해 버립니다. 우리는 사사기에서 삼손이 어떻게 살았는지를 볼 수 있습니다. 14장 1절을 보겠습니다.

> 삼손이 딤나에 내려가서 거기서 블레셋 사람의 딸들 중에서
> 한 여자를 보고

삼손이 딤나에 내려가서 거기서 블레셋 사람의 딸들 중에서 한 여자를 보았습니다. 블레셋은 이방 땅입니다. 이방 여자를 보고 마음이 빼앗긴 것입니다. 사람이 사람을 보는 것 자체는 문제가 되지 않습니다. 그런데 이방 여자를 보고 마음이 빼앗겨 부모에게 "나 저 여자한테 장가 가게 해주세요"라고 한 것입니다. 부모는 삼손이 나실인이기 때문에 이방 사람과 결혼할 수 없다고 했지만 삼손은 끝까지 고집을 부립니다. 율법도 무시하고 부모의 말도 무시하고 자기의 생각대로 이 여자와 결혼하게 해달라고 고집을 부렸습니다. 자기가 우선입니다. 오늘 본문 1절에도 이렇게 기록하고 있습니다.

나의 소중한 자산은 가능성이다

삼손이 가사에 가서 거기서 한 기생을 보고 그에게로 들어갔
더니

가사도 이방 땅입니다. 그곳에 가서 한 기생을 보고 그에게 들어
간 것입니다. 정욕의 포로가 된 삼손은 하나님이 주신 모든 것들을
자신을 위해 쓰는 것입니다. 그리고 4절에 이렇게 기록합니다.

이 후에 삼손이 소렉 골짜기의 들릴라라 이름하는 여인을 사
랑하매

이후에 삼손이 소렉 골짜기에 들릴라라는 여인을 사랑했다고
합니다. 태어날 때부터 나실인의 복을 받았고 힘도 받았는데 그 모
든 것들을 자신의 정욕대로 사용합니다. 삼손은 많은 것을 가졌지
만 그것들을 다스릴 줄을 몰랐습니다. 그래서 인생이 몰락한 것입
니다. 우리가 재물을 많이 얻고, 권력을 얻고, 명예를 얻는 것도 좋은
일이지만, 그것들을 다스릴 수 있는 절제력, 그것에 대한 선한 비전
이 없다면 그것 때문에 인생이 몰락하는 것입니다. 얼마나 많이 가
졌느냐가 중요한 것이 아니라 어떻게 사용하느냐가 훨씬 중요하다
는 것입니다. 삼손은 욕망의 포로였습니다.
여러분들은 어떤 일에 마음이 빼앗기십니까? 사람마다 마음을 빼
앗기는 것들이 있습니다. 베드로전서 2장 11절에 이렇게 말씀합니다.

영혼을 거슬러 싸우는 육체의 정욕을 제어하라고 합니다. 본문은 동일하게 우리도 '사랑하는 자들'이라고 부르고 있습니다. 그리고 거류민과 나그네 같은 우리에게 권한다고 합니다. 우리가 사는 이 세상은 나그네 길입니다. 그냥 잠시 머물다가 떠나는 간이역과 같습니다. 조그마한 간이역에 잠시 기다리다가 타야 할 차가 오면 타고 가야 합니다. 이 세상은 영원히 머물 곳이 아니라 거류민과 나그네처럼 잠시 머물다 떠날 곳입니다. 거류민과 나그네 같은 우리에게 영혼을 거슬러 싸우는 육체의 정욕을 제어하라고 합니다. 육체의 정욕은 잘못된 것이 아닙니다. 기본적으로 인간은 욕망이 있기 때문에 살아가는 것입니다. 그래서 육체의 정욕을 제어하라고 합니다. 없애라고 말하지 않고 제어하라고 합니다. 그 말은 브레이크를 걸라는 뜻입니다. 삼손은 자기의 욕망, 육체의 정욕대로 살았습니다. 율법도, 부모의 말도 거부했습니다. 그렇게 아무렇게나 살았던 삼손은 결국 들릴라의 무릎을 베고 쾌락의 잠을 자는 그때 머리털이 잘리고 손은 결박당했습니다. 눈까지 뽑힙니다. 정욕대로 살았던 그의 인생의 결말이 너무나 비참합니다. 오늘 본문 20절을 보면,

들릴라가 이르되 삼손이여 블레셋 사람이 당신에게 들이닥쳤
느니라 하니 삼손이 잠을 깨며 이르기를 내가 전과 같이 나가

　　　　　　　　　　나의 소중한 자산은 가능성이다

삼손이 잠든 사이에 머리카락을 다 잘라버렸습니다. 삼손의 힘이 머리카락에서 나오는데 잘렸습니다. 들릴라가 삼손에게 블레셋 사람이 당신에게 들이닥쳤다고 하니 삼손이 '내가 전과 같이 몸을 떨치리라'하고 일어났지만, 여호와께서 이미 자기를 떠나신 줄을 깨닫지 못했다고 합니다. 그는 지금까지 자기 힘으로 살아온 줄 알았는데, 하나님을 떠나고 나니까 아무 힘이 없는 것을 깨달은 것입니다. 그렇게 그는 힘없는 인생으로 전락해 버립니다. 우리에게 다가온 불행은 우리 사업이 어려워져서가 아닙니다. 직장에 승진을 못해서가 아닙니다. 젊은 사람들이 취업 못한 것이 불행의 근원이 아닙니다. 가장 근원적인 불행은 하나님을 떠나는 것입니다. 하나님을 떠나면 불행해집니다. 여러분, 하나님을 가까이하시기 바랍니다. 하나님께 가까이하는 것이 복입니다. 삼손은 정욕과 욕망대로 살다가 가장 중요한 복을 잃어버렸습니다.

사명 따라 사는 삶이
가장 아름답다

'포로의 삶이 아닌 프로가 되라'는 제목을 바꾸어 말하면 '신앙의 프로가 되라'는 말이기도 합니다. 이것이 제가 오늘 드리고 싶은 말씀입니다. 어떻게 우리가 예수 안에서 만족하고 진정한 자유를 누리며 살아갈 수 있을까요? 가장 명확하게 오늘 본문이 말하고 있습니다. 사사기 13장 5절 보십시오.

> 보라 네가 임신하여 아들을 낳으리니 그의 머리 위에 삭도를 대지 말라 이 아이는 태에서 나옴으로부터 하나님께 바쳐진 나실인이 됨이라 그가 블레셋 사람의 손에서 이스라엘을 구원하기 시작하리라 하시니

삼손이 태에서 나옴으로부터 하나님께 바쳐진 나실인이 되었는데, 그가 왜 그렇게 태어났는지 이유를 설명합니다. '그가 블레셋 사람의 손에서 이스라엘을 구원하기 시작하리라.'

하나님이 삼손을 태어나게 하신 이유, 삼손에게 주어진 사명이 무엇일까요? 그것은 블레셋 사람의 손에서 이스라엘을 구원하는 것이었습니다. 그 일을 위해 그에게 힘을 주시고 능력을 주시고 복을 주셨는데, 그 일은 하지 않고 자기 생각대로 살아버린 것입니다. 그러니까 사명에서 빗나간 것입니다. 우리가 사명을 잃어버리면 이렇게 헛된 삶을 살게 됩니다. 사명을 잃어버리면 잘못된 길로 가게 되는 것입니다. 그래서 사명을 명확하게 붙잡아야 합니다. 우리가 왜 사는지, 우리가 살아야 할 이유가 무엇인지, 이 사명을 발견하지

나의 소중한 자산은 가능성이다

않으면 삼손처럼 헛된 삶을 살 수 있습니다. 우리에게는 명확한 사명이 주어져 있습니다. 예수 믿는 사람들에게 이 땅에서 살아갈 동안 감당해야 할 명확한 사명을 주셨습니다. 우리는 돈을 많이 벌거나 성공하기 위해서 태어난 것이 아닙니다. 하나님이 우리에게 주신 사명은 명확합니다. 그것이 무엇일까요? 마태복음 5장 13절에서 말씀하고 있습니다.

> 너희는 세상의 소금이니 소금이 만일 그 맛을 잃으면 무엇으로 짜게 하리요 후에는 아무 쓸 데 없어 다만 밖에 버려져 사람에게 밟힐 뿐이니라

우리를 향해 '너희는 세상의 소금이다'라고 합니다. 소금은 맛을 내는 조미료입니다. 가장 기본적인 맛은 소금이 냅니다. 그래서 우리를 세상의 소금이라고 합니다. 세상에 맛을 내는 존재입니다. 우리는 태어날 때부터 자신만을 위해서 태어난 것이 아니라, 세상을 위해 태어났다는 것입니다. 이렇게 아름다운 존재의 이유를 가지고 이 땅에 태어난 것입니다.

그런데 소금이 그 맛을 잃어버리면 쓸모가 없어져 버려진다고 합니다. 예수님 말씀처럼 오늘 본문 21절에 보니, 삼손이 딱 그런 삶을 살게 됩니다.

블레셋 사람들이 그를 붙잡아 그의 눈을 빼고 끌고 가사에 내
려가 놋 줄로 매고 그에게 옥에서 맷돌을 돌리게 하였더라

블레셋 사람들이 그를 붙잡아서 그의 눈을 빼고 끌고 가사로 내
려가서 놋 줄로 꽁꽁 매어 옥에서 맷돌을 돌리게 합니다. 연자 맷돌,
짐승이 돌리는 맷돌을 돌리고 있는 것입니다. 하나님께 받은 그 아
름다운 것을 다 잃어버리고, 짐승처럼 옥에서 연자 맷돌을 돌리고
있는 것입니다.

'세상의 소금이자 빛'이라는 멋진 인생으로 우리는 부름받았습니
다. 사람들에게 빛을 비춰 주고, 살맛 나게 해 주는 삶이 얼마나 멋
집니까? 성도는 사명 따라 살 때 가장 빛이 납니다. 돈을 많이 벌었
다고 빛나는 것이 아닙니다. 높은 자리 올라갔다고 빛나는 것이 아
닙니다. 사명 따라 사는 사람이 가장 아름답고 가장 빛나는 삶을 살
게 되는 것입니다.

친절의 신비로운 힘

'열등의식'이라는 이론을 처음 만든 사람이 알프레드 아들러
(Alfred Adler)입니다. 아들러는 사람의 열등의식이나 우울감에서 어
떻게 벗어날 것인가에 대한 이론을 만들었습니다. 우울증 환자에게
아들러가 다음과 같이 제안을 했습니다. "이렇게 우울해하지 마시

나의 소중한 자산은 가능성이다

고 밖으로 나가서 누군가에게 친절을 베푸십시오. 그러면 우울에서 벗어날 수 있습니다." 그랬더니 환자가 이렇게 말합니다. "선생님, 저는 지금 그럴 기분이 아닙니다." 그때 아들러는 이렇게 말합니다. "그러면 누군가에게 친절을 베푸는 상상이라도 하십시오. 그래야 그 우울에서 벗어날 수가 있습니다."

아들러는 우리가 남에게 친절을 베풀면 왜 기분이 좋아지는지 세 가지 이유를 말합니다. 첫 번째, 초점이 자기 내부에서 외부로 향하게 된다는 것입니다. 우울한 사람들은 자기 자신만 생각합니다. 그리고 자기 연민에 빠져 있습니다. 그래서 자기 처지만 생각하면서 깊은 우울에 빠지게 되는 것입니다. 그런데 밖에 나가서 누군가에게 친절을 베풀면 초점이 자신에서 밖으로 옮겨 가는 겁니다. 두 번째, 자기 통제감을 경험하기 때문에 무력감에서 벗어난다는 것입니다. 막연한 우울 속에 빠져드는 것이 아니라 스스로를 통제한다는 것입니다. 세 번째, 자신이 의미 있는 존재라는 것을 알게 된다는 것입니다. '그래, 나도 의미 있는 존재구나'라고 느끼게 되는 것입니다. 다른 사람이 나로 인해 기뻐하는 것을 보면서 '내가 누군가에게 도움이 될 수 있는 존재구나'라고 생각하며 우울감에서 벗어날 수가 있다고 말합니다. 아들러는 우울감에서 벗어나고 싶다면 누군가에게 미소를 짓거나, 작은 선물을 주거나, 짐을 들어 주거나, 맛있는 음식을 대접하거나, 상대의 이야기를 들어주거나, 어떻게 하든지 다른 사람에게 친절을 베풀면 우울에서 벗어날 수 있다고 이야기합니다. 우리가 사는 세상에서 가장 신기한 법칙 중에 하나가 바로 이 것입니다. 누군가에게 친절을 베푸는 순간에 행복해진다는 신비로 운 법칙입니다. 이것은 성경의 법칙이기도 합니다.

'너희는 세상의 소금이다. 너희는 세상의 빛이다.'

내가 누군가에게 소금의 역할을 하고 빛을 비출 때 그 사람도 행 복해지겠지만 먼저 자신이 행복해진다는 겁니다. 이것이 우리의 사 명입니다.

사랑하는 여러분, 우리에겐 가족들이 있습니다. 남편이 있고 아 내가 있고 자식들이 있습니다. 그리고 혈연으로 구성된 가족뿐 아 니라 하나님이 맺어주신 영적인 가족도 있습니다. 바로 오이코스입 니다. 각각의 성도마다 영적인 가족이 8명에서 15명은 반드시 있다 는 것입니다. 날마다 만나는 오이코스들에게 친절을 베푸시길 바랍 니다. 그 사람들에게 가장 좋은 친절은 예수 그리스도를 소개해 주 는 것입니다. 예수의 생명을 전해 주면 그 사람이 영원한 생명을 얻 게 되고, 그것을 보면서 우리도 행복해지는 것입니다. 우리가 많은 것을 소유해서 행복해지는 것과 비교할 수 없는 행복이 있습니다. 내가 복음을 전해서 예수님을 믿게 된 그 사람이 세례받을 때입니 다. 전도한 그 사람은 얼마나 감사하겠습니까? 그가 교회에 앉아서 예배드리고 주님을 섬기는 모습을 보는 그 기쁨은 이루 말할 수가 없을 것입니다.

　　　　　　　　　　　　　　　나의 소중한 자산은 가능성이다

멍에를 끊어내는 기도

마지막으로 우리가 어떻게 포로의 삶에서 프로가 될 수 있을까요? 어떻게 끌려가는 인생에서 끌고 가는 인생이 될 수 있을까요? 삼손을 보면서 배우게 되는 것이 있습니다. 삼손은 힘이 있을 때 기도하지 않습니다. 하나님의 도움을 요청하지 않습니다. 자기 힘으로 살아갑니다. 무엇이든지 자기 힘으로 살아갑니다. 그런데 머리털이 다 깎이고 눈이 뽑히고 묶여서 연자 맷돌을 돌릴 때 돌이킵니다. 사사기 16장 28절을 보면 이제 삼손이 여호와께 부르짖습니다.

> 삼손이 여호와께 부르짖어 이르되 주 여호와여 구하옵나니 나
> 를 생각하옵소서 하나님이여 구하옵나니 이번만 나를 강하게
> 하사 나의 두 눈을 뺀 블레셋 사람에게 원수를 단번에 갚게 하
> 옵소서 하고

이제 삼손은 다 잃어버렸습니다. 다 잃어버린 다음에 그제서야 하나님 앞에 부르짖는 것입니다. 너무나 안타깝지 않습니까? 조금만 더 일찍 기도했더라면, 그가 힘이 있을 때 하나님의 도움을 구했더라면 그렇게 잘못된 길로 가지는 않았을 것 아닙니까? 무언가를 좀 가졌을 때, 평안하고 잘 돌아갈 때 기도하시기 바랍니다. 그래야 포로가 되지 않고, 프로의 삶을 살아갈 수 있습니다. 왜 평안하고 모

든 것이 잘 돌아갈 때 기도하지 않았을까요? 자기 힘으로 살다가 다 잃어버린 후 그제야 주님 앞에 손을 들고 눈물로서 회개하는 것이 너무 안타깝지 않습니까?

'사람이 3일 굶으면 남의 집 담을 넘는다'라는 말이 있습니다. 이것이 인간입니다. 그런데 하나님 앞에 기도하기 위해서 3일을 금식하면 담을 넘지 않습니다. 배고픈 것은 똑같습니다. 굶은 사람이나 금식한 사람이나 배고픈 것은 똑같지만 한 사람은 담을 넘고, 한 사람은 기쁨과 감사가 넘쳐납니다. 담을 넘는 사람은 포로의 삶을 사는 사람입니다. 그러나 금식하면서도 기뻐하고 감사하는 사람은 프로의 삶을 사는 사람입니다. 작년에 우리 교회 교역자 전체가 기도원에 가서 2박 3일 금식 기도를 했습니다. 제가 그렇게 한 이유가 있습니다. 요즘 젊은 사람들이 애달프게 하나님께 금식 기도하지 않습니다. 그냥 신학 과정을 마치고 목사가 됩니다. 그래서 제가 그들과 같이 2박 3일을 금식 기도 했습니다. 금식이 끝나고 죽을 한 그릇씩 먹으니 눈에 빛이 나던 것을 잊을 수가 없습니다. 작년에는 2박 3일이었는데 올해는 하루 더해 3박 4일동안 금식 기도를 하려고 합니다. 그래야 만 3일을 금식할 수 있습니다. 금식한다는 것은 인간의 기본 욕망을 쳐버리는 것입니다. 기본 욕구를 굴복시켜 버리는 것입니다. 기본 욕구를 다스릴 수 있어야 프로의 삶, 끌려다니지 않고 우리가 끌고 가는 삶을 살 수 있습니다. 인간에게 가장 강한 욕구가 식욕이지 않습니까? 여러분, 욕망의 포로가 되지 말고, 욕망을 다스리는 신앙의 프로가 되시기를 축복합니다. 우리 주변에 욕망에 끌려다니는 사람들이 얼마나 많습니까? 욕망을 다스리는 신앙의 프로의 삶은 그 기쁨을 말로 다 표현할 수가 없습니다. 이 기쁨을 이 사야 58장 6절에서 이렇게 말합니다.

> 내가 기뻐하는 금식은 흉악의 결박을 풀어 주며 멍에의 줄을 끌러 주며 압제 당하는 자를 자유하게 하며 모든 멍에를 꺾는 것이 아니겠느냐

하나님 앞에 금식하며 주님의 이름을 부를 때 어떻게 될까요? 바로 흉악의 결박이 끊어집니다. 우리 삶의 멍에의 줄, 괴롭고 답답한 그 멍에가 끊어진다는 것입니다. 그렇게 압제당한 자를 자유하게 하고 모든 멍에를 끊어낼 수 있는 것이 무엇입니까? 주님의 이름을 부르는 것입니다. 평소에 주님의 이름을 부르시기 바랍니다. 예수의 이름을 부를 때 우리는 진심으로 자유한 사람이 되는 것입니다. 예수의 그 능력이 정욕의 힘을 이깁니다. 그 힘은 주님의 이름을 부를 때 오는 것입니다. 사랑하는 여러분, 잠시 머물 이 세상에서 삼손처럼 욕망의 포로가 되지 마시고, 욕망을 다스리는 프로가 되시기를 예수 이름으로 축복합니다.

11장

어떤 상황도
희망으로 바꿀 수 있다

15 그 앞에서 히스기야가 기도하여 이르되 그룹들 위에 계신 이스라엘의 하나님 여호와여 주는 천하 만국에 홀로 하나님이시라 주께서 천지를 만드셨나이다 **16** 여호와여 귀를 기울여 들으소서 여호와여 눈을 떠서 보시옵소서 산헤립이 살아 계신 하나님을 비방하러 보낸 말을 들으시옵소서 **17** 여호와여 앗수르 여러 왕이 과연 여러 민족과 그들의 땅을 황폐하게 하고 **18** 또 그들의 신들을 불에 던졌사오니 이는 그들이 신이 아니요 사람의 손으로 만든 것 곧 나무와 돌 뿐이므로 멸하였나이다 **19** 우리 하나님 여호와여 원하건대 이제 우리를 그의 손에서 구원하옵소서 그리하시면 천하 만국이 주 여호와가 홀로 하나님이신 줄 알리이다 하니라 **20** 아모스의 아들 이사야가 히스기야에게 보내 이르되 이스라엘 하나님 여호와의 말씀이 네가 앗수르 왕 산헤립 때문에 내게 기도하는 것을 내가 들었노라 하셨나이다

꽃을 심으면 나비가 날아들고

나무를 심으면 새들이 지저귀고

꿈을 심으면 희망이 싹 트고

사랑을 심으면 행복이 찾아와요.

(강원석, '무엇을 심을까')

아름다운 계절을 보여 주는 시입니다. 꽃을 심으면 나비가 날아들고, 나무를 심으면 새들이 깃드는 아름다운 계절입니다. 그런데 이 시인은 마지막 부분에 우리에게 무언가를 질문하는 것 같습니다. 무엇일까요? 지금 무엇을 심고 있는지를 묻는 것 같습니다. 여러분들은 무엇을 심으며 살아가십니까? 우리가 사는 이 세상은 언제나 원인이 있고 결과가 있습니다. 우리가 오늘 만나는 삶은 언젠가 그것들을 심었기 때문에 결과를 얻은 것입니다. 원인이 있고 결과가 있는 것은 우리의 상식입니다. 성경도 심은 대로 거둔다고 합니다.

하지만 때로는 왜 이런 일이 생겼는지 모를 때도 있습니다. 아무리 생각해도 원인을 알 수 없고 이해되지 않는 일들이 생깁니다. 세월이 많이 지난 후 '아, 그래서 그랬었구나'라고 이해하게 될지는 모르지만, 지금은 도무지 이해할 수 없는 일들이 있다는 말입니다. 이것을 '우리 인생길에 비바람이 몰아친다'라고 표현하기도 합니다. 비바람이 몰아치면 너무나 힘들고 괴롭습니다. 그럴 때 어떤 사람들은 '그래, 이것은 내 운명이야'라고 생각하는 사람도 있습니다. 반면에 바람이 불면 연을 날리고, 비가 내리면 씨를 심는 사람도 있습니다. 어떤 상황이 찾아와도 최선을 다하고, 오히려 그 일에 감사하는 사람들도 있습니다. 이런 사람들이 바로 그리스도인들입니다. 세상 사람들은 어떤 일이 생기면 그냥 운명으로 받아들입니다. 그러나 우리 예수 믿는 사람들은 어떤 환경이 우리 앞에 다가와도 이것을 희망으로 바꿔냅니다. 어떻게 희망으로 바꿔낼 수 있을까요?

나의 소중한 자산은 가능성이다

세상이 감당하지
못하는 사람

오늘 말씀 제목이 '어떤 상황도 희망으로 바꿀 수 있다'입니다. 오늘 말씀을 통해 어떤 운명이 다가오더라도 그것을 희망으로 바꿔 내는 삶을 살아야겠다는 결심이 있기를 예수 이름으로 축복합니다. 우리는 어떠한 상황이 와도 희망으로 바꿀 수 있습니다. 하지만 그 힘은 우리에게 있지 않습니다. 그런데 우리가 믿는 하나님이 살아 계시기 때문에 비바람이 오히려 희망으로 바뀌는 은혜가 있는 것입니다.

히브리서 11장 38절은 이런 사람들을 표현하고 있습니다.

> (이런 사람은 세상이 감당하지 못하느니라) 그들이 광야와 산과 동
> 굴과 토굴에 유리하였느니라

'이런 사람'은 어떤 사람일까요? 세상이 감당하지 못하는 사람들입니다. 세상은 우리를 넘어뜨리고 믿음에서 떠나게 하려고 비바람으로 몰아치지만, 믿음의 사람들은 세상이 감당할 수 없다고 합니다.

히브리서 11장은 믿음 장입니다. 초대교회 믿음의 사람들은 예수 믿는 것 때문에 심한 핍박을 당했습니다. 그래서 광야로 산으로 동굴로 숨어들어 유리하는 삶을 살았습니다. 그렇지만 결코 그 믿

음을 뺏어갈 수는 없었습니다. 그래서 이런 사람을 세상은 감당하지 못한다고 합니다. 저는 하남교회 모든 교우들이 '이런 사람'이 되기를 축복합니다. 이들은 세상이 감당하지 못하는 사람, 어떤 비바람이 몰아쳐도 능히 희망으로 바꿔 내는 믿음의 사람들이었습니다.

오늘 저는 세상이 감당하지 못했던 또 한 사람을 소개하려고 합니다. 바로 히스기야 왕입니다. 히스기야가 남쪽 유다의 왕이 되었습니다. 그가 다스리던 때, 국제 정세는 어렵고, 나라는 위태로웠습니다. 그 당시 강대국인 앗수르가 야심을 품고 북쪽 이스라엘을 공격한 후 남쪽 유다를 공격하려 할 때 히스기야가 유다 왕으로 등극한 것입니다. 열왕기하 18장 13절에 보면,

히스기야 왕 제십사년에 앗수르의 왕 산헤립이 올라와서 유다
모든 견고한 성읍들을 쳐서 점령하매

그때는 '히스기야 왕 제십사 년'이었습니다. 앗수르 왕 산헤립이 올라와서 유다 모든 견고한 성읍들을 쳐서 점령했다고 합니다. 유다에 있는 성읍들을 다 멸망시키려고 점령하고 있습니다. 이제는 딱 한 군데가 남았습니다. 바로 예루살렘 성입니다. 마지막 하나 남은 성 예루살렘에 히스기야가 살고 있습니다. 앗수르가 모든 성을 다 멸했는데 하나를 멸하지 못한 것입니다. 그곳은 만만하게 점령할 수 있는 곳이 아닙니다. 왜냐하면 그곳에는 믿음의 사람, 세상이

나의 소중한 자산은 가능성이다

감당하지 못하는 히스기야가 살고 있었기 때문입니다.

히스기야가 왕이 되고 14년이 됐을 때 앗수르의 위협을 받아 고통 당하지 않았습니까? 우리가 사는 이 세상도 이와 똑같습니다. 우리 삶의 여정 속에 이 세상이 보내오는 편지들이 있습니다. 우리를 위협하는 편지, 우리를 괴롭게 하는 편지들을 받습니다. 히스기야에게도 이런 편지가 전달된 것입니다. 이 편지 속에는 우리를 향해 세상이 보내는 세 가지 소리가 담겨 있습니다.

첫 번째, 유혹의 소리입니다. 열왕기하 18장 31절에서 그 소리를 들을 수 있습니다.

> 너희는 히스기야의 말을 듣지 말라 앗수르 왕의 말씀이 너희는 내게 항복하고 내게로 나아오라 그리고 너희는 각각 그의 포도와 무화과를 먹고 또한 각각 자기의 우물의 물을 마시라

앗수르 왕이 "너희는 내게 항복해라. 그러면 너희들은 각각 포도와 무화과 열매를 먹을 수 있고 자기 우물에서 물을 마실 수 있다"라고 유혹을 합니다. 이것이 세상입니다. 항복하면 괜찮을 것 같은 유혹을 합니다.

벚꽃이 만개한 계절입니다. 날씨는 좋고, 꽃도 피고 아지랑이가 가물거리는 주일에 교회로 오다가 '에이, 놀러나 갈까?'하는 생각이 들 수도 있습니다. 이것이 유혹입니다. 우리 마음속에 '야, 예수 별나

게 믿지 마. 오늘이 벚꽃 피크야. 오늘 지나면 끝이야. 교회는 다음 주일에 가도 되고, 그다음 주일에 가도 돼. 너무 교회 교회 하지 마.' 우리 마음속에 이런 생각이 들 때가 있는데, 이것이 세상의 유혹입니다. 유혹은 먹음직하고 보암직하고 탐스럽게 다가옵니다.

유혹에 넘어오지 않으면, 그다음에는 협박을 합니다. 열왕기하 19장 11절을 보면 협박의 내용을 볼 수 있습니다.

> 앗수르의 여러 왕이 여러 나라에 행한 바 진멸한 일을 네가 들
> 었나니 네가 어찌 구원을 얻겠느냐

유혹이 통하지 않으니 협박하기 시작합니다. 어떤 세상의 신도 앗수르에게서 구할 자가 없다고 말입니다. 그리고 산헤립이 최후의 통첩을 보냅니다.

세상에서 들려오는 소식들은 늘 흉흉합니다. 유혹하다가 안 되면 협박합니다. 어떻게 해서든지 우리를 하나님에게서 떨어뜨려 놓으려고 하는 것이 세상의 전략입니다. 유혹받고 위협받고 최후통첩을 받은 상황에서 히스기야의 심정을 열왕기하 19장 3절에서 이렇게 표현합니다.

> 그들이 이사야에게 이르되 히스기야의 말씀이 오늘은 환난과
> 징벌과 모욕의 날이라 아이를 낳을 때가 되었으나 해산할 힘

나의 소중한 자산은 가능성이다

이 없도다

저는 이 구절을 읽을 때마다 참 마음이 아립니다. 사면초가의 상태에서 협박 편지를 받은 히스기야 심정을 이야기하는 것입니다. 앗수르가 하나님을 모욕합니다. 그래서 '오늘은 환란과 징벌과 모욕의 날'이라고 합니다. 아이를 낳을 때가 되었으나 해산할 힘이 없다고 합니다. 그 상황을 한번 생각해 보십시오. 아이를 가졌습니다. 아이가 태중에서 점점 자라 만삭이 되어 낳을 때가 됐는데, 낳을 힘이 없는 것입니다. 어떻게 하란 말입니까? 희망이 보이지 않고 호소할 데 없는 상황에서 그 심정을 고백한 것입니다. 여러분들은 이런 날들을 만난 적이 있으신가요? 정말 조금만 더 하면 될 것 같은데 마지막에 안 되는 상황 말입니다.

우리 인생에도 이런 일들이 다가올 때가 있습니다. 세상이 우리를 유혹하고 협박할 때도 있습니다. 이런저런 원치 않는 일들, 이해할 수 없는 비바람이 우리 인생에 몰아쳐 올 때도 있습니다. 그때 우리가 그 일을 어떻게 대하고 처리해 나가는지에 우리 인생이 달렸습니다.

도전과 응전, 자극과 반응

영국의 역사가인 아놀드 토인비(Arnold J. Toynbee)는 도전과 응전,

이 두 단어를 가지고 역사를 해석합니다. '인류의 역사는 도전과 응전의 연속이다'라고 말합니다. 끝없이 변하는 주변 정세와 상황들에 어떻게 응전할 것인가에 따라서 역사가 진행된다는 것입니다.

『죽음의 수용소』를 저술한 빅터 플랭클(Victor Frankl)은 도전과 응전과 유사하게, 자극과 반응에 대해 이야기합니다. 그는 우리에게 자극이 왔을 때, 우리가 어떻게 반응하는가에 따라서 인생이 달라진다고 말합니다. 플랭클이 개인에 대해 이야기했다면, 토인비는 역사를 이야기한 것뿐입니다.

동물들은 건드리면 바로 반응합니다. 하지만 사람은 자극과 반응 사이에 '공간'이 있다고 합니다. 이 공간을 '생각의 공간'이라고 합니다. 자신에게 어떤 일이 생겼을 때에 '어떻게 할까? 이렇게 할까? 저렇게 할까?'라고 생각하는 공간이 있다고 합니다. 사람은 이렇게 생각한 다음에 반응을 하고 그 결과에 따라서 인생이 달라집니다. 우리에게 자극이 올 때에 어떻게 반응할 것인가는 매우 중요한 이야기입니다.

지금 히스기야에게 도전이 왔습니다. 히스기야는 도전이 왔을 때 어떻게 응전해야 하는지를 우리에게 보여 주고 있습니다.

사람들은 문제가 생기면 쉽고 빠른 해결책을 찾으려고 합니다. 저 역시 마찬가지입니다. 이것이 인간의 본심입니다. 히스기야도 문제를 쉽게 해결하고 싶었습니다. 열왕기하 18장 14절에 보면 그 사실이 나옵니다.

유다의 왕 히스기야가 라기스로 사람을 보내어 앗수르 왕에
게 이르되 내가 범죄하였나이다 나를 떠나 돌아가소서 왕이
내게 지우시는 것을 내가 당하리이다 하였더니 앗수르 왕이
곧 은 삼백 달란트와 금 삼십 달란트를 정하여 유다 왕 히스기
야에게 내게 한지라

히스기야는 앗수르 왕에게 '내가 범죄했습니다. 내가 잘못했습
니다. 나를 떠나 돌아가소서'라고 너무 쉽게 굴복합니다. 남유다를
더 이상 공격하지 말고 돌아가기를 청하면서 비굴한 용서를 빌고,
앗수르 왕의 요구를 들어주겠다고 합니다. 히스기야의 말을 들은
앗수르 왕이 은 300달란트, 금 30달란트를 가져오라고 했습니다. 엄
청난 양의 은금을 요구한 것입니다. 어쩔 수 없이 히스기야는 수락
하고 맙니다. 그리고 열왕기하 18장 15~16절에 슬픈 이야기가 이어
집니다.

히스기야가 이에 여호와의 성전과 왕궁 곳간에 있는 은을 다
주었고 또 그 때에 유다 왕 히스기야가 여호와의 성전 문의 금
과 자기가 모든 기둥에 입힌 금을 벗겨 모두 앗수르 왕에게 주
었더라

히스기야는 여호와의 성전에 있는 금들을 다 끌어모았습니다.

그리고 자기 왕궁 곳간에 있는 것들까지 다 끌어모읍니다. 그것도 모자라니 성전 문과 기둥에 입힌 금을 벗겨서 앗수르 왕에게 줍니다. 타협을 하려고 했는데 타협이 되지 않았습니다. 편하게 해결하려고 했는데 그렇게 되지 않았습니다.

> 앗수르 왕이 다르단과 랍사리스와 랍사게로 하여금 대군을 거느리고 라기스에서부터 예루살렘으로 가서 히스기야 왕을 치게 하매 그들이 예루살렘으로 올라가니라 그들이 올라가서 윗못 수도 곁 곧 세탁자의 밭에 있는 큰 길에 이르러 서니라

세상은 언제나 이렇습니다. 세상이 우리를 위협할 때, 우리는 적당하게 타협하고 싶을 때가 있습니다. 하지만 타협은 당장에 효과가 있을지 모르지만 결코 궁극적인 해결책이 아닙니다. 적당하게 세상과 어울리고, 교회에 와서 적당하게 신앙 생활하면 편할 것 같습니다. 안 믿는 사람에게 가서는 안 믿는 사람처럼 행동하고, 교회에서만 믿는 사람처럼 살면 우선은 편할 것 같습니다. 하지만 그것이 해결책이 아닙니다.

세상은 언제나 적당하게 하라고 합니다. '예수를 적당하게 믿어라. 너무 교회 교회 하지 마라. 하루쯤 빠지면 어떠냐?' 늘 이런 식으로 타협안을 제시하지만, 타협은 궁극적인 해결책이 아닙니다. 히스기야는 쉽게 해결하려고 타협안을 제시했지만, 오히려 마지막 협

나의 소중한 자산은 가능성이다

박 편지를 받게 됩니다. 이제 다른 방법이 없습니다.

이럴 때 사람들은 절망하고 포기합니다. 그런데 예수 믿는 사람, 하나님의 자녀들인 우리에게는 한 가지 길이 있습니다. 바로 기도하는 것입니다. 우리가 기도하면 길이 열릴 줄로 믿습니다. 지금 히스기야가 절망 끝에서 그 최후의 카드를 쓰는 겁니다. 오늘 본문 14절을 한번 보십시오.

히스기야가 사자의 손에서 편지를 받아보고 여호와의 성전에
올라가서 히스기야가 그 편지를 여호와 앞에 펴 놓고

협박 편지를 가지고 하나님의 전에 올라가 하나님 앞에 펴놓고 '하나님, 이것 좀 보십시오'라고 기도하기 시작합니다. 오늘 본문 전체가 다 히스기야의 간절한 기도입니다. '하나님, 다른 방법이 없어요'라며 편지를 보면서 기도합니다.

제가 젊을 때 히스기야의 이 기도를 흉내 낸 적이 있습니다. 히스기야가 편지를 하나님 앞에 놓고 기도한 것을 보고 저도 편지를 썼습니다. 교회의 나무 강단 위에 편지를 얹어놓고 그 앞에 엎드려 밤 늦도록 기도했습니다. 아무도 없는 성전에서 밤새워 기도했습니다. 그 내용은 다 기도 제목들이었습니다. 그리고 세월이 많이 흘렀습니다. 제 삶을 돌아보니 그때 깨알처럼 적었던 주를 향한 그 편지, 그 기도 제목들이 다 응답되었고, 제가 기도한 것 이상으로 더 풍성

하고 더 멋지게 인도하셨음을 뒤늦게 알게 되었습니다.

약속의 말씀을 붙잡고
낱낱이 기도하라

　사랑하는 여러분, 기도하면 되는 줄로 믿습니다. 길이 없을 때 하나님의 이름을 부르십시오. 히스기야는 하나님께 편지를 펴놓고 기도했습니다. 왜 편지를 펼쳐놓고 기도했을까요? 하나님이 그 편지 내용을 모르실까 봐 펴놓았을까요? 아닙니다. 하나님이 다 아심에도 불구하고 히스기야는 편지를 펴놓고 기도했습니다. 그것은 기도의 내용을 구체적으로 하나님께 구했다는 것입니다. 기도할 때 대충 뭉뚱그려 기도하는 사람들이 있습니다. 하지만 세밀하고 자세하게 하나님께 아뢸 때 하나님께서도 세밀하고 자세하게 응답하십니다. 기도는 구체적일수록 좋습니다.

　그리고 기도할 때 하나님이 약속한 말씀을 붙잡고 기도하면 큰 힘이 됩니다. 성경은 다 하나님의 약속입니다. 이 약속을 붙잡고 하나님께 기도할 때 기도가 훨씬 더 뜨거워지고 깊어집니다. 막연하게 부르짖는 것이 아니라 약속의 말씀을 붙잡고 구하는 것입니다. '하나님, 보십시오. 하나님이 약속하시지 않았습니까?' 이럴 때 하나님은 그 약속의 말씀대로 응답하십니다. 히스기야는 그 약속의 말씀을 붙잡았습니다. 오늘 본문 7절에 보면,

　　　　　　　　　나의 소중한 자산은 가능성이다

> 내가 한 영을 그의 속에 두어 그로 소문을 듣고 그의 본국으로
> 돌아가게 하고 또 그의 본국에서 그에게 칼에 죽게 하리라 하
> 셨느니라 하더라

이사야를 통해서 하나님이 주신 말씀을 붙잡았습니다. '걱정하지 마. 앗수르 왕은 본국으로 돌아가서 거기서 죽을 거야. 그것 때문에 겁낼 것 없어'라고 하나님이 약속하셨습니다. 그 약속을 붙잡고 주님 앞에 기도하는 것입니다. 고린도후서 1장 20절에 이렇게 말씀합니다.

> 하나님의 약속은 얼마든지 그리스도 안에서 예가 되니 그런즉
> 그로 말미암아 우리가 아멘 하여 하나님께 영광을 돌리게 되
> 느니라

하나님의 약속은 얼마든지 그리스도 안에서 '예'가 된다고 합니다. 성경은 다 하나님의 약속입니다. 이것이 의미하는 것이 무엇일까요? 우리가 약속을 붙잡고 기도할 때 하나님은 거절하지 않으신다는 것입니다. '얼마든지 그리스도 안에서 예가 되니 그런즉 그로 말미암아 우리가 아멘하여 하나님께 영광을 돌리게 되느니라.' 하나님의 약속을 붙잡고 기도할 때 하나님의 역사가 훨씬 더 빠르게 일어납니다.

미국의 목회자 조엘 오스틴의 어머니는 말기 암 환자였습니다. 시한부 선고를 받은 그녀는 하나님의 약속의 말씀, 성경에 있는 치유의 말씀 49구절을 뽑아서 아침마다 선포했습니다. 그녀는 오래 살지 못할 것이라는 의사들의 예상을 깨고 죽지 않았습니다. '내가 죽지 않고 살아서 여호와께서 하시는 일을 선포하리로다.' 이 49절의 치유의 말씀들이 그녀가 쓴 책에 나와 있습니다. 하나님의 약속의 말씀이 얼마나 힘이 있고 위대하고 신실한지는 약속의 말씀을 붙잡고 기도해 보면 알게 됩니다.

내적 치유에 대가이신 정태기 목사님이 저술한 『내면세계의 치유』라는 책에는 목사님을 찾아온 42살 젊은 부인의 이야기가 나옵니다. 42살이면 아직 젊은 나이입니다. 그런데 그녀를 처음 딱 보는 순간에 60대 할머니 같았다고 합니다. 마음에 걱정 근심이 많으니 얼굴이 너무 늙어버린 것입니다. 마음에 걱정, 근심, 염려를 품고 있으면 늙습니다. 그녀가 이렇게 늙어버린 사연을 들어보니, 남편이 바람이 나서 집을 나가 버렸다는 것입니다. 집 나간 지가 10개월이 지났다고 합니다.

이 부인은 한 교회의 집사였지만 믿음이 없었다고 합니다. 남편만 믿고 남편만 의지하며 살았는데 남편이 집을 나가버린 것입니다. 그렇게 믿었던 존재가 사라져 버리니 얼마나 괴로웠겠습니까? 그렇게 10개월이 지나는 동안 늙어버린 것입니다. 이 부인이 목사님께 조심스럽게 얘기하더랍니다. 남편을 돌이키려고 400만 원짜리 굿도 하고, 300만 원짜리 부적도 샀다는 것입니다. 또 무당이 시키는 대로 새벽 1시에 남편 양복 천을 잘라서 불태우기도 했답니다. 그래도 아무 효험이 없어서 목사님을 찾아와 상담을 한다는 것입니다. 그러자 목사님은 그녀에게 "내일부터 새벽기도 나오세요"라고 권했답니다. 그리고 기도할 때 예수님께서 남편이 있는 곳을 찾아가셔서 남편을 붙잡아 집으로 돌아오는 것을 상상하면서 기도하라고 했습니다. 예수님이 그리해 주시기를 계속해서 기도하되, 남편이 이미 돌아왔음을 믿고 감사함으로 기도하라고 알려주신 것입니다.

그래서 이 부인이 다음 날 새벽부터 주님 앞에 나와 기도한 것입니다. 남편이 돌아온 걸 상상하면서 하나님 앞에 기도하고 또 기도하고, 감사하고 또 감사했다고 합니다. 그리고 3개월이 지나 환한 얼굴로 목사님을 찾아왔습니다. 목사님이 "아이고, 얼굴 보니까 남편이 돌아왔군요"라고 하니, 그녀는 아니라고 하면서, 기도하고 기도하다 보니 이제는 마음이 편안해지더라는 것입니다. 남편이 돌아오는 것을 상상하며 기도했는데, 이제는 남편이 돌아오지 않아도 살 수 있을 것 같다고 하면서 "문제는 그대로 있는데 마음이 편안해요"라고 했습니다. 그리고 얼마 후에 남편이 돌아왔다고 합니다. 이것이 응답입니다. 남의 얘기 같지만 우리도 기도하면 하나님이 들으십니다.

기도하면 어떻게 될까요? 오늘 본문 20절을 보면,

아모스의 아들 이사야가 히스기야에게 보내 이르되 이스라엘
하나님 여호와의 말씀이 네가 앗수르 왕 산헤립 때문에 내게
기도하는 것을 내가 들었노라 하셨나이다

하나님은 이사야를 통해 히스기야가 기도하는 것을 들었다고 하십니다. 우리가 기도하면 하나님이 들으십니다. 그리고 하나님 때에 역사하십니다.

우리가 기도하면 어떻게 될까요? 우리가 어떤 문제로 기도할 때에 하나님은 반드시 두 가지로 응답하십니다. 첫 번째, 그 문제를 해결해 주십니다. 두 번째는 그 문제를 이길 힘을 주십니다. 남편을 위해서 기도하면 남편이 돌아오든지, 아니면 돌아오지 않아도 살 수 있을 만큼 은혜를 주십니다. 하나님께 기도한 그 어떤 문제도 두 가지 중 적어도 하나로 응답이 됩니다. 하나님이 살아계시기 때문에 그렇습니다.

예수 안에서 모든 것이 'Yes'

요즘 춥지도, 덥지도 않은 참 좋은 계절입니다. 믿음 없는 사람들은 '꽃구경 가기 좋은 계절이다'라고 생각할 수 있지만, 우리에게는 '기도하기 좋은 계절'입니다. 제가 새벽에 나와서 기도하기 위해 예배당에 앉아 있으면 감사함이 밀려옵니다. 우리 교회에 기도하

나의 소중한 자산은 가능성이다

는 사람들이 많다는 사실 때문입니다. 새벽마다 기도하기 위해 모인 사람들로 예배당이 가득 찹니다. 나이 드신 어르신들부터 젊은 사람들까지 있습니다. 젊은 사람들은 출근 준비하느라 바쁠 텐데도 새벽에 나와 기도하는 모습을 보면, 우리 교회에 소망이 있다는 생각이 듭니다.

사랑하는 여러분, 이 봄은 기도하기 참 좋은 계절입니다. 하나님께서 우리에게 이런 아름다운 계절을 주셔서 하나님 앞에 더 가까이 갈 수 있게 하시니 얼마나 감사합니까? 어떤 상황이 와도 우리는 하나님의 은혜로 그 상황을 희망으로 바꾸어 살아갈 수 있는 사람들입니다.

히스기야는 살아계신 하나님 앞에, 아버지에게 이르는 아이처럼 기도합니다. 16절을 보십시오.

> 여호와여 귀를 기울여 들으소서 여호와여 눈을 떠서 보시옵소
> 서 산헤립이 살아 계신 하나님을 비방하러 보낸 말을 들으시
> 옵소서

'하나님, 이것 한번 보세요.' 아버지에게 이르는 어린아이처럼 기도합니다. 히스기야가 그렇게 하나님께 부르짖을 때, 하나님은 히스기야의 죽을 운명도 15년이나 연장시켜 주셨습니다.

우리의 가슴을 뜨겁게 하는 하나님 아버지의 마음에 대해 로마

서 8장 32절에 이렇게 기록하고 있습니다.

> 자기 아들을 아끼지 아니하시고 우리 모든 사람을 위하여 내
> 주신 이가 어찌 그 아들과 함께 모든 것을 우리에게 주시지 아
> 니하겠느냐

자기 아들을 아끼지 아니하신 성부 하나님이 독생자 예수를 우리에게 주셨는데, 우리에게 주시지 못할 것이 있겠냐는 말입니다. 우리를 위해 아들을 주신 분이십니다. 아들과 함께 모든 것을 우리에게 주시는 분이십니다. 주의 이름을 부르는 자들에게는 주님께서 'No' 하시는 법이 없습니다. 하나님을 부를 때마다 그리스도 안에서 모든 것이 'Yes'가 된다는 것입니다. 하나님은 '내가 반드시 네 기도를 듣겠다'고 말씀하십니다.

사랑하는 여러분, 어떤 상황도 희망으로 바꿔내시기를 축복합니다. 우리는 그런 사람들입니다. 왜냐하면 우리가 믿는 하나님이 살아계시기 때문입니다. 오늘 우리에게 어두운 상황이 닥쳐도 그저 운명이라 생각하지 마시고, 주님 붙잡고 기도하십시오. 그럴 때 하나님이 그것을 희망으로 바꿔버리십니다. 고난 너머에 있는 하나님의 손을 바라보며 멋진 인생을 사시기를 축원합니다.

나의 소중한 자산은 가능성이다

12장

짐승은 먹이로,
사람은 희망으로 산다

마 5:13-16 **13** 너희는 세상의 소금이니 소금이 만일 그 맛을 잃으면 무엇으로 짜게 하리요 후에는 아무 쓸 데 없어 다만 밖에 버려져 사람에게 밟힐 뿐이니라 **14** 너희는 세상의 빛이라 산 위에 있는 동네가 숨겨지지 못할 것이요 **15** 사람이 등불을 켜서 말 아래에 두지 아니하고 등경 위에 두나니 이러므로 집 안 모든 사람에게 비치느니라 **16** 이같이 너희 빛이 사람 앞에 비치게 하여 그들로 너희 착한 행실을 보고 하늘에 계신 너희 아버지께 영광을 돌리게 하라

짐승은 먹이만 있으면 만족합니다. 하지만 사람은 음식만으로는 살 수가 없습니다. 그렇다면 사람은 무엇으로 살까요? 사람들에게 물어보면 저마다 삶의 이유가 있습니다. 어떤 사람들은 사랑 때문에 산다고 합니다. 또 어떤 사람들은 자식 때문에 산다고 말합니다. 심지어 자식이 삶의 희망이라는 분도 있습니다. 또 어떤 분들은 죽지 못해

산다고도 합니다. 살고 싶지 않은 어려운 상황 속에서 죽지 못해 산다
는 것입니다. 여러분들은 어떤 이유로, 또 무엇으로 살고 계십니까?

사람들이 어려움과 괴로움, 큰 낭패를 당하는 역경 속에서 헤쳐
나올 수 있는 단 하나의 힘이 있다면, 그것은 희망입니다. 그렇습니
다. 짐승은 먹이로 살지만 사람은 희망으로 사는 것입니다.

그런데 요즘은 패기 넘쳐야 할 젊은 청년들이 자기 방문을 걸어
잠그고 두문불출하며 고립된 모습으로 살아가는 경우가 많다고 합
니다. 무슨 사연인지는 모르지만 말도 하지 않고 방에 갇힌 채 고독
하게 살아가는 젊은이들이 서울에만 약 16만 명쯤 된다고 합니다.
전국 기준으로 보면 약 60만 명 되는 젊은이들이 자기 세계에 갇혀
서 세상과 단절한 채로 살아가고 있습니다. 어떻게 그들을 빛 가운
데로 불러낼 수 있을까요? 어떻게 삶의 현장으로 불러낼 수 있을까
요? 맛있는 것을 사주면 나올까요? 그렇지 않을 것입니다.

갇혀 있는 사람을 끌어내는
단 한 가지

저에게는 두 분의 형님이 계십니다. 제가 막내이기 때문에 맏형
님은 부모님 같은 분입니다. 그래도 제가 목사라고 형님은 어려운
일이 생길 때마다 어떻게 하면 좋겠냐고 전화로 저에게 의논하시곤
합니다. 형님에게는 두 명의 딸과 한 명의 아들이 있는데, 이 삼남매

나의 소중한 자산은 가능성이다

가 저희 형님 부부의 마음을 어렵게 하는 것을 종종 봐왔습니다. 그러다 제가 미국으로 유학을 떠나게 되자 형수님이 눈물을 많이 흘리셨습니다. 힘들 때마다 의지하던 시동생이 멀리 간다고 하니 그러신 것입니다.

그렇게 한국을 떠나 미국에서 살고 있었는데, 어느 날 형님의 전화를 받았습니다. 하나 있는 아들이 고등학교 때부터 힘들게 하더니 대학생이 된 후에는 아예 연락도 안 된다는 것입니다. 친구들에게 수소문을 해도 어디 있는지 찾을 수 없어 형님의 심정이 무너진 것입니다. 요즘처럼 스마트폰이 발달된 때도 아니었습니다. 형님의 전화를 받고 저도 마음이 무너졌습니다. 하지만 "형님, 걱정하지 마세요. 내가 찾아내겠습니다"라고 형님을 안심시켰습니다. 그리고 오래전에 그 아이가 제게 보냈던 이메일 주소를 찾아서 메일을 썼습니다. '조카에게, 네가 지금 무슨 일을 하고 있는지 모르겠지만 걱정할 것 없어. 삼촌이 있는 미국으로 와라. 이곳에서 멋지게 새롭게 출발할 수 있다.' 며칠 안에 그 녀석에게 답장이 왔습니다. 자기에게 이런 제안을 해 주어서 너무 감사하다고 하면서, 삼촌 곁에 가서 새로운 삶을 살겠다는 것입니다. 제가 조카와 연락이 닿은 후, 형님은 잃어버린 아들을 만나게 되었습니다. 그리고 조카는 제가 있는 미국에 와서 몇 개월을 같이 지내다가, 잘 회복하여 다시 한국으로 돌아갔습니다. 그리고 대학을 마치고 취직도 하고 결혼해서 지금은 잘 살고 있습니다.

자기만의 세계에 갇혀서 두문불출하고 문을 잠가버린 사람들을 무엇으로 끌어낼 수 있을까요? 딱 한 가지입니다. 희망입니다. 희망을 갖게 되면 사람은 살아나게 되어 있습니다. 짐승은 먹이로 살지만 사람은 희망으로, 꿈으로, 비전으로 사는 것입니다. 그렇게 모든 사람들이 살아가고 있지 않습니까? 우리는 무언가에 희망을 걸고 살아가고 있습니다.

제가 어릴 적에 살았던 시골에서는 추운 겨울이 되면 산에 있는 꿩과 토끼를 잡았습니다. 빨간 찔레꽃 열매를 반으로 잘라서 안에 씨앗을 다 파내고 청산가리를 조금 넣어서 다시 덮은 다음, 산기슭에 눈을 쓸어버리고 찔레꽃을 꽂아놓으면 산에 있는 짐승들이 내려와서 그것을 먹습니다. 그리고 10미터도 못 가서 쓰러져 버립니다. 그렇게 꿩을 잡고 토끼를 잡은 기억이 있습니다.

모든 짐승을 사냥할 때는 먹이로 사냥합니다. 짐승을 훈련시킬 때도 먹이로 훈련시킵니다. 왜냐하면 짐승은 먹이에 목숨을 걸기 때문에 먹는 것으로 훈련시키고, 먹는 것으로 사냥하는 것입니다. 하지만 사람은 그렇지 않습니다. 사람은 먹을 것으로 훈련되지 않습니다. 사람은 음식으로만 사는 존재가 아닙니다.

사람은 희망이 없으면 잠시도 살 수 없는 존재입니다. 그런데 세상 사람들이 갖는 희망이라는 것은 막연한 바람에 지나지 않을 때가 많습니다. '뭐가 되면 좋겠다.' 이것은 희망이지만, 근거가 없는 막연한 바람일 수도 있습니다. 그런데 우리 그리스도인들의 희망은

나의 소중한 자산은 가능성이다

다릅니다. 우리는 비전을 품습니다. 성경에는 예수 믿는 사람들이 꿈을 꾸고 비전을 품는 이야기가 기록되어 있습니다. 성경은 분명하게 그 희망의 근거를 이야기하고 있습니다. 따라서 그리스도인이 갖는 희망은 근거가 있는 바람, 즉 비전입니다.

무엇이 되느냐보다 중요한 것

부모들이 자녀를 키울 때, 그 자녀를 바라보는 부모 마음은 한결같습니다. 자녀가 자라서 훌륭한 사람이 되기를 바랍니다. 그런데 많은 부모들이 자녀에게 바라는 인생은 주로 직업과 관련되어 있습니다. 부산 부현초등학교 1학년 박채연이라는 어린아이가 쓴 〈8살의 꿈〉이라는 시의 내용입니다.

> "나는 초등학교를 나와서, 국제중학교를 나와서 민사고를 나와서 하버드대를 갈 거다.
> 그래서 나는 내가 하고 싶은, 정말 하고 싶은 미용사가 될 거다."

엄마가 좋은 학교에 가라고 매일 들들 볶으니까, 국제중학교 나오고, 민사고 나와서, 하버드대를 간 다음에, '엄마, 됐지? 이제는 내가 하고 싶은 미용사 할 거야'라는 꿈을 적은 것입니다. 하버드대와 미용사는 잘 어울리지 않다고 생각할 수 있지만, 저는 할 수 있으면 그것도 좋다고 생각합니다. 하버드대학을 나온 미용사, 멋지지 않습니까?

이렇게 사람들은 인생을 말할 때 직업과 관련지어 생각합니다. 그런데 성경은 우리에게 무슨 직업을 가지라고 말한 적이 없습니다. 어떤 직업을 가져도 괜찮다는 것입니다. 문제는 어떤 직업을 갖느냐가 아니고, 어떤 사람으로 살아갈 것인가입니다. 성경은 이것을 이야기합니다. 오늘 본문 13절에 우리를 가리켜서 '너희는 세상의 소금이다'라고 말합니다. 그리고 14절을 보면 '너희는 세상의 빛이다'라고 말합니다. '세상의 소금과 빛'은 직업을 이야기하는 것이 아닙니다. 어떤 사람으로 존재하는지에 관한 것입니다. 미용사면 어떤 미용사로 살아갈 것인지를 이야기하고 있는 것입니다.

성도들의 기도제목을 보면, 자녀를 위한 기도제목들이 가장 많습니다. 많은 사람들이 '우리 자녀가 이렇게 됐으면 좋겠습니다. 하나님, 이렇게 해 주시기를 원합니다'라는 부모의 소원을 담은 것들입니다. 특히 임용고시가 있는 시기에는 자녀가 임용고시에 합격하여 교사가 되게 해달라는 제목들이 많습니다. 그런데 성경은 그냥 교사가 되는 것을 넘어서 좋은 교사가 되라고 말합니다. 진정으로 학생들을 위해 주고 아이들의 일생에 선한 영향을 끼치는 좋은 교사 말입니다. 이것을 고린도전서 4장 15절에는 이렇게 말합니다.

그리스도 안에서 일만 스승이 있으되 아버지는 많지 아니하니
그리스도 예수 안에서 내가 복음으로써 너희를 낳았음이라

예수 믿는 사람 중에 스승들이 얼마나 많습니까? 일만 스승은 있지만 아버지는 많지 않다는 것이 무슨 이야기입니까? 스승으로서 무언가를 가르치기는 하지만, 진정으로 부모의 심정으로 그 아이를 생각해 주는, 아버지의 마음을 가진 사람들은 많지 않다는 것입니다. 무엇을 말하고자 하는 것일까요? 같은 교사라도 월급만 받으며 밥벌이하는 교사가 되지 말고, 정말 학생들 한 명 한 명을 생각하며 부모의 심정으로 애틋하게 돌봐주는 역량이 있는 교사가 되라는 것입니다.

의사가 되려면 의대를 나와서, 국가고시를 통해 의사 면허 시험에 통과하여 의사 면허증을 받아야 합니다. 그러나 의사가 되었다고 해서 다 좋은 의사가 되는 것은 아니지 않습니까? 환자들을 돈벌이 대상으로만 생각한다면 그 사람은 좋은 의사라고 할 수 없습니다. 환자들의 몸의 병뿐만 아니라 마음까지 어루만져주는 진짜 아비 같은 의사가 좋은 의사입니다. 부모 같은 심정으로 마음 다해 환자를 돌볼 때 그 의사는 이 세상에서 소금과 빛으로 살아간다고 할 수 있습니다.

우리의 직업이 무엇이든지 진심을 다해 살아갈 때, 세상 사람들에게 '저 사람을 보니까 하나님이 살아계시는 것이 확실해'라는 말

을 듣게 될 것입니다. 하나님은 진심을 다해 살아가는 자들을 향해 '너희는 세상의 빛이다. 너희는 세상의 소금이다'라고 하십니다.

예전에 〈허준〉이라는 드라마가 있었습니다. 그 드라마가 방영될 때 저는 미국에 살고 있었는데, 그 당시에는 미국에서 바로 볼 수 있는 매체가 아무것도 없었습니다. 비디오로 녹화된 것을 빌려서 비디오방에서 보는 방법밖에 없었습니다. 드라마에서 주인공 허준은 정성을 다해 환자들을 돌보는데, 자신을 찾아오는 환자가 가난한 사람인지 높은 사람인지 상관없이 환자를 돌봅니다. 드라마를 보고 감동을 받은 친구 목회자들과 허준에 대해 나눈 이야기가 기억납니다. "진짜 저런 사람이 목사가 되어야 되는데…. 꼭 예수님 같아. 우리도 그렇게 되어야 하는데 말이야." 비록 드라마이지만 진정한 빛으로 살아가는 허준을 보면서 우리 스스로를 돌아보았습니다. 오늘 본문 13절에서 이렇게 말합니다.

> 너희는 세상의 소금이니 소금이 만일 그 맛을 잃으면 무엇으로 짜게 하리요 후에는 아무 쓸 데 없어 다만 밖에 버려져 사람에게 밟힐 뿐이니라

우리는 이미 예수를 믿고 복 받은 사람들입니다. 이미 하나님의 자녀라는 존재의 복을 받은 사람들입니다. 그 복을 세상에 끼쳐야 합니다. 그래서 하나님이 우리에게 '세상의 소금, 세상의 빛'이라고

나의 소중한 자산은 가능성이다

인정해 주시는 것입니다. 우리는 부족할지라도 세상의 빛입니다. 우리는 이미 존재의 복을 받았습니다. 마태복음 5장 3절부터 예수 믿는 사람들이 받은 여덟 가지 복에 대해 이야기합니다.

> 심령이 가난한 자는 복이 있나니 천국이 그들의 것임이요

심령이 가난한 자에게는 복이 있는데, 그 복은 바로 천국을 소유한 것입니다. 얼마나 큰 복입니까? 원천의 복을 받은 것입니다. 그다음 절에 이렇게 말합니다.

> 애통하는 자는 복이 있나니 그들이 위로를 받을 것임이요

우리 마음에는 애통하는 마음이 있기 때문에 날마다 하나님의 위로가 넘친다는 것입니다. 그다음 절에는 온유한 자가 받을 복을 말합니다.

> 온유한 자는 복이 있나니 그들이 땅을 기업으로 받을 것임이요

온유한 사람이 이 비싼 땅들을 기업으로 받을 것이라고 합니다.
여기에서 말하는 심령이 가난한 사람, 애통하는 사람, 온유한 사람들은 이미 예수 믿는 사람들을 이야기하는 것입니다. 이것은 소

유의 복이 아니라 존재의 복입니다. 성경은 지금 예수 믿는 것 그 자체로 복이 있다고 이야기하고 있는 것입니다. 예수 믿는 여러분들은 이미 복 받은 사람인 것을 믿으시길 바랍니다. 그래서 우리는 이 땅에서 소금으로 빛으로 존재할 수 있는 것입니다.

그리고 우리가 받은 복을 어떻게 누리며 살 것인지를 오늘 본문은 계속 이야기하고 있습니다. 너희는 세상의 소금이자 빛이라고 말합니다. 소금은 부패를 방지해주고 맛을 내는 역할을 함으로써 어떤 면에서는 소극적인 사명을 말한다면, 빛은 적극적인 사명을 이야기하고 있습니다.

> 사람이 등불을 켜서 말 아래에 두지 아니하고 등경 위에 두나
> 니 이러므로 집 안 모든 사람에게 비치느니라(마5:15)

빛의 역할은 집안 모든 사람에게 비추는 것입니다. 따라서 등불을 켜서 말 아래 두지 않고 높은 등경 위에 두는 것입니다. 그러면 주변에 있는 모든 사람들에게 빛을 비추게 됩니다. 우리가 이런 빛 같은 존재라는 것입니다. 그래서 우리에게는 비전이 있습니다. 먹고사는 문제로 아등바등하지 말고, 선샤인 예수의 얼굴로 살아가는 것입니다. 짐승은 먹이로 살지만, 우리 그리스도인들은 선샤인, 우리의 영원한 빛이신 예수님의 얼굴로 이 세상을 살아가는 것입니다. 요한복음 8장 12절을 보면 예수님께서 '나는 세상의 빛이다'라

나의 소중한 자산은 가능성이다

고 말씀하십니다. 예수님이 빛입니다. 그런데 빛이신 그 예수님이 우리를 향해서 또다시 '너는 세상의 빛이다'라고 말씀하십니다. 이 말씀을 들을 때 심적으로 조금 위축이 될지도 모르겠습니다. '아니, 어떻게 내가 주님과 비교될 수 있겠어? 예수님은 너무나 큰 빛이고, 나는 그 근처도 못 가는데…' 하지만 '나는 세상의 빛이다'라고 말씀하신 예수님께서 '너도 세상의 빛이야'라고 말씀하십니다. 예수님과 우리를 동일시해 주시는 것입니다. 우리가 얼마나 큰 복을 받았습니까?

바라보고 사모하면 닮는다

맥스 비어봄(Sir Max Beerbohm)의 『행복한 위선자』라는 소설에 조지 헬이라는 사람이 등장합니다. 조지 헬은 얼굴이 험상궂고 욕심 많고 표독스럽고 괴팍한 사람입니다. 그래서 주변 사람들이 다 싫어합니다. 사람들이 다 피하고 무서워하는 사람입니다. 이렇게 험상궂은 얼굴의 사나이 조지 헬이 어느 날 제니 미어라는 청순가련한 한 아가씨를 공연에서 만나 사랑하게 됩니다. 제니는 우아하고 아름다운 아가씨였습니다. 조지 헬은 그녀에게 청혼했지만 단번에 거절당했습니다. 제니의 어릴 적 소원은 거룩한 성자의 얼굴을 가진 온화한 사람을 만나 결혼하는 것이었는데, 조지 헬은 너무나 험악했습니다. 그래서 담담히 거절했습니다. 상심하며 괴로워하던 조지 헬은 최고의 가면 제작자를 찾아가 밀랍으로 성자의 가면을 맞

춥니다. 험악한 얼굴을 바꿀 수는 없으니 세상에서 가장 인자하게 생긴 성자의 가면을 쓰고 제니에게 다시 청혼을 했습니다. 제니는 그의 청혼을 받아들였고, 두 사람은 결혼해서 행복하게 살았습니다. 하지만 조지 헬은 원래 자기 모습이 탄로날까 봐 무거운 죄책감을 가지고 살아갑니다. 제니에게 미안할수록 그는 그녀에게 더 잘해주었습니다. 진심을 다해서 제니를 아끼고 사랑했습니다. 그렇게 단란하고 행복하게 살아가던 어느 날, 조지 헬의 진짜 얼굴을 알고 있는 옛 애인이 나타나서 "조지, 네 얼굴이 아니잖아. 그거 가짜잖아. 당신은 가면을 쓰고 있는 위선자야"라고 폭로합니다. 행복이 산산조각 나는 순간이었습니다. 그런데 놀랍게도 가면을 벗은 그의 얼굴이 성자의 가면과 똑같이 거룩하고 인자한 모습으로 변해 있었던 것입니다. 원래는 흉악하고 험상궂은 얼굴이었지만, 거룩한 얼굴을 쓰고 거룩한 얼굴을 사모하다 보니 어느덧 자기 얼굴이 정말 거룩한 얼굴로 바뀌어 있는 것입니다. 작가는 사람이 성자의 모습을 사랑하고 사모하면 자기도 모르게 그렇게 변화된다는 이야기를 하고 있는 것입니다.

사랑하는 여러분, 예수님은 보잘것없는 우리를 세상의 빛이라고 하십니다. 부족한 우리도 온유하고 겸손한 예수님의 얼굴을 사모하고 사모하다 보면 우리도 모르게 예수님의 얼굴로 변해 간다는 것입니다. 얼마든지 그렇게 될 수 있다고 우리에게 말씀하십니다. 예수님의 얼굴을 사모하다 보면 어느덧 주님 닮아 있는 우리 자신을

나의 소중한 자산은 가능성이다

만나게 될 것입니다. 우리가 비록 대단한 일을 할 수는 없다 할지라도, 대단한 자리에 있지 않다 할지라도, 예수님의 얼굴, 우리의 영원한 선샤인이신 예수님의 얼굴을 품고 그분을 사모하다 보면 점점 그분을 닮게 될 것입니다. 우리 주변에 있는 많은 사람들이 우리의 빛을 보고 '하나님이 정말 계시구나, 하나님은 정말 위대하시구나'라고 고백하며 주님께 돌아오게 될 것입니다.

히브리서 3장 1절에 이렇게 말합니다.

> 그러므로 함께 하늘의 부르심을 받은 거룩한 형제들아 우리가
> 믿는 도리의 사도이시며 대제사장이신 예수를 깊이 생각하라

우리가 예수님을 마음속으로 품고 사모하며 예수를 깊이 묵상하고 생각하다 보면, 어느덧 우리 몸과 마음, 생각까지도 온전하고 겸손한 주의 모습으로 바뀌게 될 것입니다. 히브리서 12장 2절에는 이렇게 말씀합니다.

> 믿음의 주요 또 온전하게 하시는 이인 예수를 바라보자 그는
> 그 앞에 있는 기쁨을 위하여 십자가를 참으사 부끄러움을 개
> 의치 아니하시더니 하나님 보좌 우편에 앉으셨느니라

예수님을 바라보고 찬양하면서 주님을 바라보고 기도하면, 우리

얼굴도 해같이 빛나는 주의 얼굴로 변화되는 날이 올 것입니다. 우리 주변에 실의에 빠지고, 절망 중에 있는 사람들이 있다면, 그들이 우리 얼굴을 보고 주님 앞에 돌아올 것입니다.

성도의 사명, 빛으로 사는 삶

『지도 밖으로 행군하라』라는 책을 쓴 한비야가 케냐에 갔을 때 아주 유명한 의사 한 분을 만났다고 합니다. 그 의사는 매우 유명한 사람이어서 대통령조차도 미리 약속하지 않으면 만날 수 없는 분이었습니다. 그런데 한비야가 그 의사를 만난 곳은 예상치 않게 화려한 도시의 큰 병원이 아니라 첩첩산중 시골의 오지 마을이었다고 합니다. 그곳에서 가난하고 병든 사람들의 풍토병을 치료하고 있었다고 합니다. 작가는 "당신처럼 훌륭하고 유명한 의사가 왜 여기서 이렇게 이러고 있습니까?"라고 물었습니다. 그는 빙그레 웃으면서 "내가 가지고 있는 이 기술과 재능을 돈 버는 데만 사용하면 너무 아깝지 않습니까? 지금 내가 하는 이 일이 내 가슴을 뛰게 합니다"라고 대답했다고 합니다. 의사가 되는 것이 중요한 것이 아닙니다. 교사가 되는 것이 중요한 것이 아닙니다. 어떤 직업을 갖느냐가 중요한 것이 아니라, 어떤 사람으로 그 직업을 수행할 것인가가 중요한 것입니다.

여러분은 무엇으로 사십니까? 우리는 먹고 살기 위해서 이 세상

나의 소중한 자산은 가능성이다

에 온 것이 아닙니다. 많은 것을 소유하기 위해서 이 세상에 온 것이 아닙니다. 우리에게 더 차원 높은 꿈이 있고 비전이 있습니다. 주님은 우리에게 이 세상에서 세상의 빛으로 살라는 비전을 주셨습니다. 이미 우리는 그 복을 받은 사람들입니다.

그리스도인은 세 번 태어난다고 합니다. 첫 번째는 부모의 몸에서 태어나는 것입니다. 두 번째는 성령 안에서 거듭나는 것입니다. 세 번째는 사명으로 태어나는 것입니다. 사명을 통해 우리가 왜 살아야 하는지를 마치 새로 태어나듯이 알게 된다는 것입니다. 그럴 때 우리 가슴이 뛰기 시작합니다. 가슴이 벅차오르는 사명을 발견할 때 삶의 이유를 알게 되어 벅찬 감격으로 살아가게 되는 것입니다. 오늘 본문 16절을 보면,

> 이같이 너희 빛이 사람 앞에 비치게 하여 그들로 너희 착한 행
> 실을 보고 하늘에 계신 너희 아버지께 영광을 돌리게 하라

빛을 사람 앞에 비추게 하라고 합니다. 무슨 일을 하는가는 아무 상관이 없습니다. 어떤 직업을 가지든지, 있는 그 자리에서 빛을 비추게 하라고 하십니다. 우리 주변에 있는 사람들이 실의에 빠져 삶의 회의를 느끼거나 괴로움의 골짜기를 걸어가다, 우리의 빛나는 모습을 보고, 하나님께 영광을 돌리게 될 것입니다. 사랑하는 여러분! 여러분의 빛을 온 세상에 비추시기를 주의 이름으로 축복합니다.

13장

축복의 그릇을
준비하라

1 선지자의 제자들의 아내 중의 한 여인이 엘리사에게 부르짖어 이르되 당신의 종 나의 남편이 이미 죽었는데 당신의 종이 여호와를 경외한 줄은 당신이 아시는 바니이다 이제 빚 준 사람이 와서 나의 두 아이를 데려가 그의 종을 삼고자 하나이다 하니 2 엘리사가 그에게 이르되 내가 너를 위하여 어떻게 하랴 네 집에 무엇이 있는지 내게 말하라 그가 이르되 계집종의 집에 기름 한 그릇 외에는 아무것도 없나이다 하니 3 이르되 너는 밖에 나가서 모든 이웃에게 그릇을 빌리라 빈 그릇을 빌리되 조금 빌리지 말고 4 너는 네 두 아들과 함께 들어가서 문을 닫고 그 모든 그릇에 기름을 부어서 차는 대로 옮겨 놓으라 하니라 5 여인이 물러가서 그의 두 아들과 함께 문을 닫은 후에 그들은 그릇을 그에게로 가져오고 그는 부었더니 6 그릇에 다 찬지라 여인이 아들에게 이르되 또 그릇을 내게로 가져오라 하니 아들이 이르되 다른 그릇이 없나이다 하니 기름이 곧 그쳤더라

겨울이 오기 전에 땔감을 준비하는 것은 당연한 일입니다. 우리 인생에도 겨울이 옵니다. 그래서 미리미리 준비하는 것이 필요합니다. 성경은 준비의 중요성을 강조하며 잘 준비하는 것이 복이라고 합니다. 하나님의 복은 여름날에 쏟아지는 장맛비처럼 매우 큽니다. 문제는 우리가 복을 받을 만한 그릇이 준비되어 있지 않다는 것입니다.

누구나 다 행복하기를 원합니다. 모든 부모들은 자식들이 결혼할 때 "행복하게 잘 살아야 해"라고 말합니다. '행복'은 손으로 잡을 수도, 눈으로 볼 수도, 냄새를 맡을 수도 없는 것인데도 모든 사람이 추구합니다.

진정한 행복은 만족이다

펜실베이니아 대학교 심리학과 교수인 마틴 셀리그먼(Martin Elias Peter Seligman)은 오랫동안 행복을 연구한 사람입니다. 그는 『긍정 심리학』에서 '행복'을 얻는 방법에는 두 가지가 있다고 합니다. 첫 번째는 쾌락입니다. 쾌락으로 행복을 느끼는 것입니다. 두 번째는 만족입니다. 만족으로 행복을 누리는 것입니다.

첫 번째 방법인 쾌락을 통한 행복은 순간적인 것으로 너무 짧습니다. 그러나 만족을 통한 행복은 오랫동안 마음에 여운을 남깁니다. 쾌락은 몸이 느끼는 것입니다. 맛있는 것을 먹고, 짜릿한 일을 즐기면서 몸이 느끼는 것이 쾌락입니다. 반면에 만족은 우리 영혼, 속사람, 마음이 느끼는 것입니다. 하지만 대부분의 사람들은 쾌락을 통해 얻는 행복을 더 추구하는 경향이 있습니다. 즉각적이고 빠르기 때문입니다.

하지만 쾌락에는 중독성이 있습니다. 처음에는 너무 좋았는데 몇 번 반복되면 더 이상 처음만큼 좋지 않습니다. 그렇게 더 강한 쾌

나의 소중한 자산은 가능성이다

락을 쫓아가다가 회한의 눈물을 흘리게 됩니다.

쾌락은 몸으로 느끼기 때문에 처음에는 좋은 것 같은데 점점 더 강한 것을 쫓게 됩니다. 그 쾌락의 끝은 후회입니다. 그래서 쾌락은 복이 아닙니다.

두 번째 방법인 만족을 통한 행복은 우리 영혼을 든든하게 합니다. 그런데 만족은 소유에서 얻는 것이 아닙니다. 오히려 존재에 대한 부요함입니다.

우리가 자주 부르는 '충만'이라는 찬양에 이런 가사가 있습니다.

> 난 예수로 예수로 예수로 충만하네
> 난 예수로 예수로 예수로 충만하네
> 난 예수로 예수로 예수로 충만하네
> 영원한 왕 내 안에 살아계시네

예수로 충만하고, 내 안에 영원한 왕이 살아계시는 존재의 부요함을 만족이라 표현합니다. 시편 23장 1절에서 이것을 이렇게 표현합니다.

> 여호와는 나의 목자시니 내게 부족함이 없으리로다

만족은 쾌락과는 다릅니다. 소유가 많고 부족함이 없는 상태가 아닙니다. 가진 것이 없을지라도 전능하신 여호와 하나님이 우리의 목자이시기 때문에 그분으로 인해 만족한다는 것입니다. '내게 부족함이 없으리로다'라는 표현은 '나는 주님 말고는 원하는 게 없습니다'라는 뜻입니다. 주님 한 분으로 만족한다는 것입니다. 하나님은 우리에게 쾌락을 주시는 분이 아니라 만족을 주시는 분이십니다.

여러분들은 지금 어떤 행복을 추구하고 계십니까? 하나님이 주시는 만족의 복은 예수 믿는 사람이라면 누구나 누릴 수 있습니다. 그리고 원하는 사람 누구든지 이 행복을 얻을 수 있고 누릴 수가 있습니다. 우리 주님이 주시는 이 만족의 복을 누리시기를 예수 이름으로 축복합니다.

그릇이 없나이다 하니
기름이 곧 그쳤더라

오늘 우리가 함께 나눌 본문에는 한 여인이 등장합니다. 그녀의 남편은 선지자 생도였습니다. 요즘으로 하면 신학생입니다. 그런데 그 남편이 죽었습니다. 당시 남편이 죽었다는 것은 여인으로서는 너무 힘든 상황입니다. 게다가 남편의 빚도 떠안게 되었습니다. 고대 유대사회에서 연약한 여인이 유산도 없이 빚만 떠안은 채 두 아들을 키우기란 매우 힘들었을 것입니다. 그 당시에는 빚을 갚지 못하면 아이들을 데려가서 종으로 부렸습니다. 그러니까 남편도 잃

나의 소중한 자산은 가능성이다

고, 빚도 지고, 아들도 빼앗길 위기에 처한 것입니다. 그래서 이 어려운 문제를 가지고 엘리사 선지자를 찾아갑니다. "선생님, 어떡하면 좋겠습니까?"라며 자신의 아픔을 토로합니다. 그때 선지자가 "너희 집에 있는 것이 무엇이냐?"라고 묻습니다. 그녀는 집에 기름 한 그릇밖에 없다고 대답합니다. 그러자 선지자가 이렇게 말합니다. 본문 3절입니다.

> 이르되 너는 밖에 나가서 모든 이웃에게 그릇을 빌리라 빈 그릇을 빌리되 조금 빌리지 말고

밖으로 나가서 이웃들에게 빈 그릇을 빌리라고 합니다. 그것도 조금 빌리지 말고 많이 빌리라고 합니다. 영문도 모르고 여인은 아이들과 함께 빈 그릇을 빌리러 다닙니다. 선지자는 그릇을 빌린 다음에 두 아들과 함께 방으로 들어가서 문을 닫고 그 모든 그릇에 기름을 부어서 차는 대로 옮겨 놓으라고 합니다. 빌려온 빈 그릇에다가 자기 집에 있던 기름을 붓기 시작합니다. 기름은 한 병밖에 없으니 곧 떨어져야 하는데, 붓고 붓고 또 부어도 기름이 떨어지지 않는 것입니다. 이 얼마나 신비로운 일입니까? 그런데 기름이 더 이상 나오지 않고 멈춘 때가 있습니다. 그게 언제인지를 6절에서 말합니다.

> 그릇에 다 찬지라 여인이 아들에게 이르되 또 그릇을 내게로

언제 기름이 멈췄을까요? 빌린 그릇이 다 떨어졌을 때입니다. 여
인이 아들에게 다른 그릇을 가져오라고 하지만 다른 그릇이 없다고
하니 기름이 그쳤습니다. 기름 담을 그릇이 없을 때 기름이 멈췄다
는 것입니다. 하나님의 복이 이런 것입니다. 여인이 빌려온 그릇이
몇 개인지는 모르지만, 10개면 10개가 다 차고, 30개면 30개 다 차
지만, 더 이상 그릇이 없을 때는 기름이 멈추었습니다. 하나님은 우
리가 준비한 그릇만큼 채우시는 분이십니다.

하나님의 복은 그릇만큼 채워집니다. 오늘 본문은 이것을 우리
에게 알려주고 있습니다. 그래서 최대한 많이 빌리라고 했습니다.
하나님의 은혜는 너무나 크지만, 그 은혜는 우리가 준비한 그릇만
큼 채워집니다. 하나님의 은혜가 없어서가 아니라, 하나님의 복이
없어서가 아니라 우리가 받을 그릇이 없는 것입니다. 하나님은 그
릇만큼 채우십니다. 이 말씀을 통해 우리를 돌아보고, 우리가 왜 하
나님의 복을 누리지 못하는지를 발견하게 되기를 바랍니다.

시편 81장 10절에 이렇게 말씀하십니다.

이스라엘을 애굽 땅에서 인도하신 여호와 하나님은 전능한 하나님이십니다. 그러니 입을 크게 열고 채움을 받으라는 것입니다. 채우시는 분은 하나님이지만, 그릇을 준비하고 입을 여는 것은 우리 몫이라는 것입니다.

저는 우리 교회 성도들이 믿음의 그릇, 복 받을 그릇을 크게 준비하기를 바랍니다. 왜냐하면 그릇의 크기만큼 채워지기 때문입니다. 하나님의 문제가 아니고 우리의 그릇 문제라는 것을 인식해야 합니다. 그렇다면 우리가 준비할 그릇은 무엇일까요? 그것은 '계획'입니다. 계획을 세워야 하나님이 복을 주십니다.

하나님께서 우리에게 '내가 네게 무엇하여 주길 원하느냐? 네가 무엇을 원하느냐? 내가 네게 뭘 줄까?'라고 물으십니다. 우리의 소원과 계획을 물어보시는 것입니다. 시편 20장 4절에서 이렇게 말씀하십니다.

> 네 마음의 소원대로 허락하시고 네 모든 계획을 이루어 주시기를 원하노라

우리에게 복을 주시고 싶어 하시는 하나님께서 '뭘 원하니?'라고 물어보십니다. 우리 마음의 소원대로 하나님이 허락하신다고 하셨으니, 마음에 소원이 있다면 구체적으로 계획을 세우십시오. 하나님은 그 모든 계획을 이루어 주시기를 원하십니다. 우리가 준비할

그릇은 계획을 세우는 것입니다. 우리 마음의 소원, 그 막연한 소원을 버려두지 말고 구체적으로 계획을 세우십시오.

누려야 복이다

우리는 해마다 새해가 되면 계획을 세웁니다. 뉴욕 대학의 캐롤라인 애덤스 밀러(Caroline Adams Miller) 교수는 사람들이 계획을 세워서 얼마나 달성하는지, 얼마나 성취하는지를 연구했다고 합니다. 사람들이 연초에 세운 계획을 6개월 후에 얼마나 달성하는지를 살펴보았더니, 계획을 달성한 확률이 46%였다고 합니다. 그런데 아무 계획 없이 되는 대로 살면 성공할 확률은 4%라고 합니다. 계획을 세우면 절반 정도는 성취할 수 있지만, 계획이 없는 사람의 성취는 미미할 뿐입니다. 왜냐하면 아무것도 계획하거나 도전하지 않았기 때문입니다. 여러분은 하나님께 복을 받을 그릇이 있습니까? 이 한 해 동안 어떤 계획을 세우고 계십니까? 우리는 계획을 세워야 합니다. 그래야만 하나님이 복을 주실 수 있습니다. 그렇다면 하나님이 주시는 축복은 무엇일까요? 무엇을 주시겠다는 것일까요?

한국은 땅이 좁다 보니, 한국 사람들의 평생 소원 중 하나가 바로 내 집 장만입니다. 제가 미국의 이민자로서 11년 정도 살면서 목회하다 보니, 이민자들의 마음을 잘 알게 되었습니다. 이 좁은 땅에 살다가 미국에 이민을 가면 넓은 땅을 가장 부러워합니다. 땅의 가격

나의 소중한 자산은 가능성이다

도 쌉니다. 하남 땅 한 평 살 돈으로 그곳 천 평을 살 수 있습니다. 그래서 이민 간 사람들이 그것을 보고 눈이 뒤집히는 것입니다. 좁은 땅에 살다가 광활한 땅을 보니 욕심이 나는 것입니다. 그래서 한국 사람들은 내 집, 내 땅을 마련하기 위해 은행 융자를 얻어 집을 장만합니다.

우리나라는 대부분 아파트지만, 미국은 잔디가 깔려 있는 주택이 많습니다. 뒤뜰에 수영장이 딸린 집을 은행에 빚을 내서 어렵게 구입합니다. 그렇게 좋은 집을 샀으니, 은행 빚을 갚기 위해 부부는 열심히 일을 합니다. 하루 종일 돈을 벌고 저녁 늦게 집에 돌아와 피곤한 채 쓰러져 자고 다음 날 다시 이른 아침에 나갑니다. 수영장에 몸 한 번 담그지 못하고 매일 돈 벌러 나갑니다. 그러면 그 큰 집을 누가 돌볼까요?

대부분 멕시코인 가사도우미에게 집을 맡깁니다. 주인이 돈 벌러 나간 빈집에서 가사도우미가 할 일은 별로 없습니다. 집안일은 대충 해놓고, 비키니를 입고 넓은 수영장에서 수영하고 파라솔 아래 누워 캘리포니아의 햇빛을 즐깁니다. 누가 주인일까요? 주인은 죽어라 돈 벌러 나가는데 이것이 복입니까? 그런데도 사람들은 내 집, 내 땅을 고집합니다. 전도서 6장 2절에 보면 이런 말씀이 나옵니다.

어떤 사람은 그의 영혼이 바라는 모든 소원에 부족함이 없어
재물과 부요와 존귀를 하나님께 받았으나 하나님께서 그가 그

것을 누리도록 허락하지 아니하셨으므로 다른 사람이 누리나

니 이것도 헛되어 악한 병이로다

어떤 사람은 그의 영혼이 바라는 모든 소원에 부족함 없이 재물도 받고 부요와 존귀를 다 받았다고 합니다. 그런데 하나님께서 그것을 누리도록 허락하지 않으셔서 다른 사람이 대신 누린다고 합니다. 미국에 이민 가서 집 산 경우와 동일합니다. 은행 대출을 받아서 수영장 딸린 넓은 집을 가졌지만, 정작 그것을 다른 사람이 누리고 있습니다. 집주인은 한 번도 누리지 못합니다.

성공이 무엇일까요? 성공이 무엇인지 물어보면 사람마다 성공의 정의가 제각각입니다. 전문가들은 이렇게 말합니다. 성공은 주관적인 것이지, 객관적일 수가 없다고 말이죠. 고등학교 3학년 학생은 자신이 목표하는 대학에 들어가면 그 나름대로 성공한 것입니다. 취업을 준비하는 청년은 자신이 원하는 직장에 들어가면 성공한 것입니다. 이것이 답입니다. 성공의 개념이 이런 것입니다. 우리가 원하는 것을 얻을 때에 성공이라고 합니다.

그렇다면 복은 어떤 것일까요? 원하는 것을 얻는 것이 성공이라면, 복은 얻은 것을 누리는 것입니다. 사람들은 얻을 줄만 알지 누릴줄을 모르는 것 같습니다. 우리는 이미 많은 것을 얻었는데 만족하지 않습니다. 더, 더, 더 욕심을 부리는 것입니다. 다른 사람들이 부러워할 만한 좋은 것들이 많지만 정작 본인만 이것을 모르고 있습

니다. 누릴 줄을 모릅니다. 소중한 것을 다 가지고 있는데, 이것을 누리지 못하고 다른 것을 더 욕심 내는 것입니다. 이것도 병입니다.

생후 18개월에 열병을 앓은 후 시력과 청력을 잃은 헬렌 켈러(Helen Adams Keller)의 소원을 담은 자서전이 있습니다. 제목은 『사흘만 볼 수 있다면(Three Day To See)』입니다. 3일만 앞을 볼 수 있다면 더 이상 소원이 없겠다는 것입니다. 그녀에게 앞을 볼 수 있는 3일이 주어진다면 무엇을 할 것인지 이렇게 계획을 세웁니다.

> "첫째 날은 맨 먼저 인생의 가치를 알려준 설리번 선생님의 얼굴을 보고 싶다. 그리고 친구들의 얼굴을 보고 싶고, 아기의 순결한 얼굴도 보고 싶다. 오후가 되면 숲속을 거닐며 자연의 아름다움을 느끼고, 저녁이 되면 불타는 저녁노을을 기도하면서 바라보고 싶다. 둘째 날이 되면 새벽 여명에 일어나서 밤이 낮으로 바뀌는 지구의 깨어나는 경이로움을 지켜보고 싶다. 그리고 저녁이 되면 극장도 가고 영화도 보고 싶다. 마지막 3일째가 되면 다시 일찍 일어나서 동트는 아침을 지켜보고 사람들이 살아가는 모습도 보고 싶다. 그리고 거리의 풍경들을 보고 싶고, 강이 유유히 흘러가는 그 풍경도 보고 싶다. 나의 마지막 밤이 문을 닫을 때쯤 나는 이 사흘간 보았던 그 모든 소중한 기억들을 가슴에 담고 하나님께 감사의 기도를 드리고 암흑으로 돌아가겠다."

헬렌 켈러의 마음의 소원은 재물을 소유하는 것도 아니고, 명성을 얻는 것도 아닙니다. 단지 아름다운 세상을 눈으로 한번 보고 싶다는 것입니다. 아침에 떠오르는 태양을 보고 싶고, 저녁에 지는 노을을 보고 싶고, 밤하늘에 빛나는 별을 보고 싶다는 것이 그녀의 소원입니다. 단 사흘만이라도 보고 싶다는 것입니다. 하지만 우리는 헬렌 켈러가 그렇게 보고 싶은 하는 것을 매일 봅니다. 그녀가 그렇게 보고 싶어 했던 아침 햇살을 보고, 저녁 노을도 보고, 밤하늘의 별들을 날마다 보면서도 우리는 행복을 누릴 줄 모르는 것입니다.

하나님 은혜가 있으면 우리에게 있는 모든 것들이 아름답고 행복하게 느껴집니다. 이것이 하나님이 주시는 만족이라는 선물입니다.

진짜 축복이 무엇일까요? 많이 가지는 것일까요? 그렇지 않습니다. 우리 마음에 하나님의 은혜가 있으면 우리가 얼마나 소중한 존재인지, 세상이 얼마나 아름다운지를 온몸으로 느끼면서 살아갈 수가 있습니다. '나는 참 소중해. 나는 참 행복해'라는 충만한 느낌으로 살아갈 수 있다는 말입니다. 우리가 보는 세상이 아름답게 느껴지는 것이 주님이 주시는 만족입니다. 더 이상 가지지 않아도 괜찮습니다. '주님이 나의 목자시니 나에게는 부족함이 없어. 나는 늘 만족해'라고 고백하시기 바랍니다. 그래서 여러분이 하나님의 은혜로 가득 채워진 진정한 복 있는 사람들이 되기를 바랍니다.

오늘 본문에 나오는 이 여인은 이제 엄청난 기름을 얻었습니다. 7절에 보면,

그 여인이 하나님의 사람에게 나아가서 말하니 그가 이르되
너는 가서 기름을 팔아 빚을 갚고 남은 것으로 너와 네 두 아들
이 생활하라 하였더라

그 여인이 하나님의 사람에게 가서 "그릇에 기름이 꽉 찼습니다"
라고 했더니, 그는 "그래, 그 기름을 팔아서 빚을 갚아라. 그리고 남
는 것으로 너와 두 아들이 생활해라"고 말합니다.

이 말씀을 한번 생각해 보십시오. 엄청난 빚을 다 갚았습니다. 이
제 남는 것으로 자녀와 함께 살아가라고 합니다. 그런데 한 달, 두
달, 1년쯤 지나면 그것도 다 떨어질 것입니다. 받아 둔 기름도 다 사
라질 것입니다. 그러면 어떻게 해야 할까요?

복이 따라오는 사람

우리는 소유한 것들을 소비하며 살아가는데, 결국 그것들은 동
이 나고 말 것입니다. 따라서 우리가 복 있는 사람이 되어야 합니다.
다른 말로 하면 우리가 축복의 그릇이 되는 것입니다. 자기 자신을
축복의 그릇으로 만드는 것입니다. 그러면 우리가 들어가도 복을
받고 나가도 복을 받습니다. 우리가 축복의 그릇이 되면 어디에 가
든지 하나님 복이 따라올 줄 믿으시길 바랍니다.

저는 제 자신이 그런 사람이라고 믿습니다. 저는 복이 있는 사람

입니다. 제가 이민을 가도 그곳에 복이 따라오고, 하남에 와도 복이 따라옵니다. 이다음에 또 어디로 갈지 모르지만 제가 가는 곳마다 복이 따라올 것입니다. 여러분도 그런 사람이 되시기 바랍니다. 자기 자신을 축복의 그릇으로 만들어야 합니다. 누구든지 예수 안에서 축복의 그릇이 될 수 있습니다. 복 있는 자가 될 수 있다는 것입니다.

우리가 사는 이 시대는 경쟁 사회입니다. 이런 사회 속에서 우리가 어떤 사람이 되어야 복 있는 자로 살아갈 수 있을까요? 이 경쟁 사회에서 어떻게 복 있는 사람으로 살 수 있을까요? 예수님의 방법이 마태복음 10장 16절에 나옵니다.

> 보라 내가 너희를 보냄이 양을 이리 가운데로 보냄과 같도다
> 그러므로 너희는 뱀 같이 지혜롭고 비둘기 같이 순결하라

예수님이 제자들을 세상에 보내시면서 하신 말씀입니다. '내가 너희를 보냄이 양을 이리 가운데로 보낸 것 같다'고 하십니다. 양이 이리 가운데 가면 어떻게 되겠습니까? 다 잡아먹힙니다. 제자들이 보냄을 받은 세상이나, 지금 우리가 사는 이 세상이나 이리가 득실대고, 강자가 약자를 잡아먹는 사회입니다. 약육강식의 원리가 작동하는 곳이 바로 이 세상입니다. 양이 이리 가운데 있으면 다 잡아먹힙니다. 그러면 어떻게 해야 할까요? 예수님의 방법은 무엇일까

나의 소중한 자산은 가능성이다

요? 그것은 '뱀같이 지혜롭고 비둘기같이 순결하라'는 것입니다. 지혜와 순결입니다.

이 두 가지를 가진 사람은 이 시대 속에서도 하나님의 은혜를 누릴 수 있고 복을 누릴 수 있습니다. 뱀같이 지혜롭다는 것은 신중한 분별력을 말합니다. 뱀처럼 예리한 지성을 가지라는 것입니다. 하지만 그것만 가지고는 교활한 사람이 됩니다. 사기꾼들의 특징은 머리가 아주 좋다는 것입니다. 그래서 또 한 가지가 더 있어야 합니다. 그것은 바로 비둘기 같은 순결함입니다. 순전한 마음, 순수한 마음, 거짓 없는 정직한 마음만으로는 어리석은 자가 될 수 있습니다. 그래서 뱀같이 지혜롭고 비둘기처럼 순결하라고 하시는 것입니다. 이 두 가지를 모두 갖춘 그릇이 되라고 하십니다.

우리가 지혜로운 분별력을 갖기 위해서는 어떻게 해야 할까요? 공부해야 합니다. 무슨 일을 하든지 그 방면의 전문 서적들을 읽어야 합니다. 어떤 일을 하든지 자기 분야에 관련된 책 100권만 읽으면 그쪽 방면에는 전문가가 될 수 있습니다. 한 권 읽은 사람보다 10권 읽은 사람이 앞서갑니다. 10권 읽은 사람보다 30권 읽은 사람이 훨씬 더 뛰어납니다. 우리가 일하는 분야에서 전문가가 되기 위해 그 분야에 대해 공부해야 합니다. 하지만 대부분의 사람들이 공부를 하지 않습니다. 대충 눈치만 보고 있으니 이리들에게 다 먹히는 것입니다. 순진하기만 하면 필경 눈물을 흘리고 말 것입니다. 하지만 성경은 우리에게 뱀처럼 지혜로워지라고 말합니다. 그런데 지혜는 그냥 오는 것이 아닙니다. 지혜의 역량을 키우기 위해서는 공부해야 합니다.

비둘기 같은 순결함을 갖추려면 어떻게 훈련해야 할까요? 바로 순종의 훈련을 통해서입니다. 우리의 생각이 들어가면 순종하지 못합니다. 그러므로 내 생각을 버리는 훈련을 해야 합니다. 순종을 통해 순결과 순전함을 유지해 갈 수 있습니다.

오늘 본문 3절에 보면 엘리사가 여인에게 그릇을 빌리라고 합니다. 그것도 조금 빌리지 말고 많이 빌리라고 합니다. 빚쟁이들에게 아들을 빼앗기게 된 과부가 엘리사에게 "선생님, 어떡하면 좋아요?"라고 했더니, 그릇을 빌려오라고 말합니다. 이해가 되지 않습니다. 빚을 해결하기 위해 '돈을 빌려라'라고 하면 말이 되는데, 그릇을 빌리라는 것은 이해가 되지 않습니다. 그뿐만 아니라 그릇을 빌린 다음에 방에 들어가서 빌린 그릇에 기름을 부으라고 합니다. 하지만 이해가 되지 않는다고 그릇도 빌리지 않고 기름도 붓지 않으면, 기름이 멈추지 않는 하나님의 기적을 경험할 수가 없는 것입니다. 만약에 이 여인이 똑똑하기만 했다면 순종하지 못했을 것입니다. 그녀는 순수한 마음을 가지고 있었습니다. 하나님의 사람이 말할 때, 자기 생각을 버리고 그 말에 순종했더니 아름다운 결과를 보게 된 것입니다. 순종만이 축복의 길입니다. 하나님의 축복은 순종을 통해서 옵니다. 그 축복을 통해서 우리는 더욱더 순전해집니다. 내 사상, 내 철학이 다 죽는 것입니다. 이 순종의 모범을 우리 예수님이

나의 소중한 자산은 가능성이다

보여 주시지 않았습니까? 그 모습을 빌립보서 2장 8절에서 이렇게 말씀합니다.

> 사람의 모양으로 나타나사 자기를 낮추시고 죽기까지 복종하
> 셨으니 곧 십자가에 죽으심이라

하늘에 계신 하나님이 사람의 몸을 입고 오셔서 자기를 낮추시고 죽기까지 복종하셨습니다. 그리고 십자가에 죽으셨습니다. 우리의 자존심을 죽이지 않고는 순종할 수 없습니다. 내 생각을 죽이지 않고는 하나님의 말씀을 따를 수가 없습니다. 내 생각을 죽이고 내 자존심을 죽이면서 순수함을 유지해 가는 것입니다. 그럴 때 우리는 축복의 그릇으로 만들어지는 것입니다.

사랑하는 성도 여러분, 지혜롭기를 축복합니다. 순전하기를 축복합니다.

이 두 가지를 갖출 때 어디에서나 당당하게 승리할 수 있는 사람, 하나님의 복을 누릴 수 있는 사람이 됩니다. 우리 예수님이 그런 분이셨습니다. 빌립보서 2장 5절에서 이렇게 말합니다.

> 너희 안에 이 마음을 품으라 곧 그리스도 예수의 마음이니

한없이 따뜻한 예수님의 마음, 그리고 죽기까지 순종했던 예수

님의 마음과 지혜를 가지게 될 때, 여러분은 축복의 그릇으로 준비될 것입니다.

나의 소중한 자산은 가능성이다